Éditions du Moment
15, rue Condorcet
75009 Paris
www.editionsdumoment.com

Kev Adams,
les secrets d'une LOLstar

DU MÊME AUTEUR

Enquête sur les mandarins de la médecine, Éditions du Moment, 2013.

Le Guide des métiers de la télé, Éditions Casting Magazine, 2003.

Les 120 entreprises où il fait bon vivre, Éditions Grancher, 1996.

Vies privées, la face cachée des politiques (avec Bertrand Deveaud), Éditions Belfond, 1995.

Avoir des couilles ou pas ! Éloge du culot, Éditions Grancher, 1992.

René Chiche

Kev Adams, les secrets d'une LOLstar

LE POCHE DU MOMENT

À ma Pauline préférée, mon idole à moi,
my pretty daughter in New York…
À Juliette et Victor, mes talentueux,
inoubliables et irremplaçables parents…
À mes proches que j'aime et qui liront ce livre
et à tous mes futurs lecteurs que j'aime d'avance,
puisqu'ils vont lire cet ouvrage…
Aux fans de Kev Adams.

PRÉAMBULE

Au mois de juillet 2015, quelques jours après la sortie en librairie de la première édition de *Kev Adams, les secrets d'une LOLstar*, j'étais invité sur la chaîne de télévision Non Stop People. Pour évoquer à la fois la genèse de ce livre et révéler, en exclusivité, que Julie Gayet allait produire en 2016 un film avec Kev Adams dans le rôle principal. Ce scoop créa le buzz sur Internet et s'ensuivirent démentis, interrogations et moqueries. Impossible que l'actrice et productrice, plutôt cataloguée dans le cinéma d'auteur et, de surcroît, compagne du président de la République, se compromette avec la star des ados ! C'est pourtant une réalité : au début de l'année 2016, le jeune surdoué de l'humour tourne, en Haute-Savoie, *Nomber One*, sous la direction de Serge Hazanavicius, le metteur en scène de ses spectacles. Le scénario – un jeune snowboarder se lie d'amitié avec un skieur expérimenté – permet à Kev de donner la réplique à Vincent Elbaz et Bérénice Bejo. Julie Gayet est bel et bien coproductrice de ce long métrage, via Rouge International, en association avec My Family, la société de production de Kev Adams et Elisa Soussan – la première à avoir cru au talent de ce gamin de dix-sept ans qui n'était encore que Kevin Smadja.

Nomber One, qui devrait sortir début 2017, constituera une étape supplémentaire dans l'évolution de Kev depuis les débuts de son incroyable parcours. Après le triomphe au cinéma de

Profs 2, au mois de juillet 2015, et des *Nouvelles Aventures d'Aladin*, la superproduction sortie en octobre 2015, Kev Adams est devenu à vingt-quatre ans la personnalité la plus *bankable* du septième art hexagonal, avec plus de 8 millions d'entrées pour ces deux films ! De quoi faire des jaloux dans le milieu cinématographique qui ne lui a pas réservé le plus amical des accueils à sa première apparition lors de la cérémonie des César, le 28 février 2014. Mais la profession ne put que s'incliner et finalement le porter aux nues, en février 2016, lors de la prestigieuse soirée des Trophées du Film français. Comme chaque année, *Le Film français*, journal professionnel considéré comme la bible des pros du grand écran, a décerné ses récompenses au palais Brongniart, au cours d'une belle fiesta. Pour Kev, bingo ! Il en est reparti avec le Trophée de la personnalité de l'année, et *Les Nouvelles Aventures d'Aladin* avec ceux du film de l'année et de la meilleure première œuvre ! Quand on sait que les votants sont les lecteurs du *Film français*, travaillant majoritairement dans l'industrie du cinéma, cela prouve que, désormais, Kev Adams a conquis une véritable légitimité parmi ses pairs. Plus jeune invité de toute l'histoire du talk show dominical de Michel Drucker, *Vivement dimanche*, le 7 février 2016, le héros des *Profs* ne pouvait que savourer son plaisir et, quelque part, prendre une forme de revanche sur tous ceux qui ne cessent de le sous-estimer, le dénigrer ou douter de son talent artistique. Même dans ses rêves les plus fous, jamais Kev Adams n'a imaginé atteindre de tels sommets.

Conscient toutefois qu'il doit évoluer pour ne pas rester enfermé dans le costume de l'ado vanneur « facebookien » qu'il commence à ne plus être, notre « LOLstar » nationale a déjà posé les premières pierres de ce tournant indispensable. Juste avant les prises de vues montagnardes de *Nomber One* et la sortie, le 17 février, d'*Amis publics*, un film qu'il a coproduit et coécrit avec son ami, le réalisateur Édouard Pluvieux, le jeune roi du one man show a participé au tournage de la nouvelle adaptation du célèbre récit de Joseph Joffo, *Un sac de billes*. Dans cette œuvre plus grave, mais non dénuée d'humour à l'instar des *Amis publics* et programmée pour 2016, Kev partage la vedette avec Patrick Bruel, Christian Clavier et Elsa Zylberstein. Du beau monde !

Pourtant, Kev Adams n'est pas obsédé par le « syndrôme Tchao Pantin ». En tant que comique, il ne cherche pas à tout prix un rôle dramatique, sombre ou austère, qui le ferait basculer dans une autre dimension. Intelligent et lucide, Kev Adams sait pertinemment qu'il ne peut pas non plus s'engager dans une voie trop éloignée de la comédie, au risque de se couper de ses millions de fans, qui ont fait de lui ce qu'il est aujourd'hui. C'est en établissant un lien direct avec eux qu'il s'est taillé une place de choix dans le show business français. Un peu comme son idole et désormais ami, Gad Elmaleh, qui lui a donné envie de monter sur scène. Parce que rien n'arrête l'extraordinaire destin de ce gosse de Neuilly-sur-Seine, Kev se produira du 23 au 27 novembre prochains à l'AccorHotels Arena (ex-Palais omnisports de Bercy) en duo avec son maître, Gad. *Kev & Gad : tout est possible*, tel est le titre de ces cinq shows exceptionnels, qui s'annoncent comme les événements phares de la fin de l'année 2016, devant 15 000 spectateurs chaque soir. Le tandem a déjà testé son spectacle dans quelques villes de province, et une tournée en régions précédera les soirées parisiennes.

Et ensuite ? On parle d'une possible série de représentations en duo aux États-Unis… en langue anglaise au printemps 2017 ! Mais Kev Adams pourrait aussi jouer, en solo et *in english*, son propre one man show à la demande pressante de producteurs américains qui l'ont repéré lors de ses prestations en V.O. dans un petit *comedy club* de Los Angeles, en janvier 2015. Ils s'étaient rendu compte de son fabuleux sens du contact avec le public quand il présenta *Voila, Voila !* devant les communautés francophones de Los Angeles, New York, Miami et San Francisco, au mois de juin 2015.

En attendant de remonter sur les planches hexagonales avec un nouveau one man show en 2018, Kev Adams va certainement se consacrer au cinéma. Il y aura d'abord une suite aux *Nouvelles Aventures d'Aladin*, succès oblige. Pour *Les Profs 3*, l'incertitude demeure. Kev Adams hésite à se glisser à nouveau dans la peau du cancre Boulard. À moins que l'offre financière ne le fasse céder. Dans les coulisses du septième art, on parle d'un chèque de 2 millions d'euros que les producteurs des *Profs* seraient prêts à signer pour s'attacher de nouveau les services de Mister Kev ! On murmure par ailleurs qu'il serait tenté par la réalisation de son premier long métrage, qu'il pourrait aussi faire ses grands débuts au théâtre, au sein d'une troupe, ce qui constituerait une première pour lui. On évoque également un autre projet : un grand show de divertissement sur une chaîne de télévision, à base de sketchs, jeux, chansons et invités. Pour Kev Adams, tous les champs du possible sont désormais ouverts. « *Il faut donner au public de la nouveauté et c'est ce que j'aime. Je ne connais pas de carrière sans embûche, donc j'avance. Si sur chaque film ou chaque spectacle, je me dis : "Il ne faut pas que je fasse moins d'entrées", je suis mal barré* », disait-il lors de l'avant-première d'*Amis publics*.

À n'en pas douter : Kev Adams est parti pour nous surprendre dans les prochaines années. Dire qu'il n'aura que vingt-cinq ans le 1er juillet 2016 !

I

IL EST NÉ LE KEVIN ENFANT

Alors que François Mitterrand a nommé le 15 mai 1991, pour la première fois dans l'histoire de la République, une femme au poste de Premier ministre (Édith Cresson qui succéda à Michel Rocard), Thierry et Nathalie Smadja vivent quelques semaines plus tard le plus grand évènement de leur vie : la naissance de leur premier enfant, Kevin. En ce 1er juillet 1991, c'est donc durant le second septennat mitterrandien et dans une clinique du chic 16e arrondissement de la capitale que le futur Kev Adams pousse ses premiers cris. Pour la plus grande joie de ses parents, tous deux Français, juifs et séfarades nés en France, mais aux origines différentes : papa vient d'Algérie, maman est originaire de Tunisie. Un melting pot franco-oriental qui sent bon la Méditerranée, les discussions enflammées autour de plats typiques, la joie de vivre et l'esprit d'appartenance à une communauté. La famille Smadja n'a pas été épargnée par la cruauté hitlérienne. L'arrière-grand-père paternel de Kev Adams, soit le grand-père de son papa, est mort dans un camp de concentration. « *On l'a dénoncé. Il travaillait dans l'import-export et il vivait en Algérie. Mais quand il venait en France, il portait l'étoile jaune, comme tout le monde* », rappelait récemment le jeune humoriste qui ne cachait pas son émotion après avoir rencontré des survivants de la Shoah il y a quelques mois : « *Ces gens-là sont ceux qui se plaignent le moins. Qu'est-ce qu'ils doivent penser quand ils allument la télévision et qu'ils tombent sur l'affaire Dieudonné ?* »

Durant les premières années de son enfance, Kevin vit dans le 19e arrondissement de Paris, près de la rue Botzaris. Dans ce quartier populaire, de nombreux israélites séfarades ont élu domicile et les magasins d'alimentation casher rappellent la présence et la parfaite intégration de cette communauté où se mêlent les natifs de Tunisie, d'Algérie ou du Maroc, fidèles à leurs traditions religieuses ou culturelles, mais totalement respectueux des principes républicains. Le « roi Kev » ne cache pas qu'il a conservé, de son enfance et son éducation, une pratique de la religion juive, adaptée aux exigences de sa profession et de la vie moderne : « *Je suis pratiquant, mais je joue évidemment les soirs de shabbat, c'est-à-dire le vendredi soir. Mon grand-père me disait toujours que la religion, c'est l'hygiène de la vie mais que cela ne doit pas t'empêcher de te réaliser* », a souligné la star du one-man-show. Thierry Smadja, son père, travaille dans la téléphonie et dirige une boutique (il se reconvertira ensuite dans l'immobilier, après avoir connu une période de chômage). Quant à Nathalie Smadja, qui donnera aussi naissance à deux autres garçons Noam et Lirone, âgés respectivement aujourd'hui de dix-neuf et huit ans, c'est dans le milieu de la finance et de la Bourse qu'elle collabore, en qualité de cadre salariée au sein d'une société spécialisée.

Dans la plupart des carrières d'artistes, le rôle de la maman est fondamental. Elvis Presley enregistra ainsi son premier disque en 1953 à l'âge de dix-huit ans, en payant quatre dollars de sa poche aux petits studios Sun Records à Memphis, pour mettre en boîte deux chansons, *My happiness* et *That's when your heartaches begin*, destinées à sa mère, Gladys. Claude François ne jurait, lui, que par la sienne, Lucia surnommée « Chouffa », qui veillait sur lui comme sur la prunelle de ses yeux, lui préparait ses plats préférés et jouait l'intendante dans son moulin de Dannemois.

Aussi, Simone, dite « Monette », qui éleva seule son fils Michel Colucci (après la mort très soudaine de son mari) tout en travaillant chez un fleuriste du boulevard Montparnasse, joua un rôle essentiel dans la carrière de l'humoriste en salopette. De manière positive et tendre, contrairement à Hildeberte Bedos, mère de Guy, que celui-ci détestait en raison de ses idées antisémites, racistes et collaborationnistes.

Dans la planète Kev Adams, Nathalie Smadja fait figure de pivot. Dès la naissance de Kevin, elle a couvé ce premier enfant et comme dans toutes les familles juives séfarades, lorsque le nouveau-né est un garçon, il est élevé au rang de prince ! Dès les plus jeunes années de Kev, madame Smadja va encourager la vocation de son rejeton. Durant son adolescence, Nathalie soutient, conseille, coache son Kevin. Pendant son ascension vers le vedettariat et ses premiers pas sur le devant de la scène, maman Kev endossera le costume de première cliente des sketchs de son fils : « *Qui mieux que ma mère ? Et en même temps, elle avait peur. Elle me disait : "Si tu sens que ça ne prend pas, il faut que tu arrêtes vite. La vie est trop courte pour galérer éternellement"* », a révélé le nouveau roi de l'humour dans un article paru dans le magazine *Télé Obs*, au mois de novembre 2014. Aujourd'hui encore, et même plus que jamais, Nathalie Smadja, désormais nommée Nathalie Cohen-Smadja – les parents du « roi Kev » ayant récemment divorcé, un évènement important pour lui sur lequel nous reviendrons –, occupe une place primordiale aux côtés de celui qui remplit les salles de France et attire des milliers de spectateurs à chacun de ses shows. Elle préfère l'ombre à la lumière, la discrétion aux sunlights, la tranquillité à la médiatisation. Mais comme l'a remarqué Élisa Soussan, manager et associée de Kev Adams, « *Nathalie est hyperprésente. Pas seulement dans la gestion de sa carrière, mais aussi pour des choses de la vie privée. Je me souviens qu'à l'époque où Kev avait triomphé lors de son premier passage en vedette au Zénith, elle lui avait reproché le désordre dans son appartement en lui disant qu'il devait le ranger*[1]*...* »

Entre Kev et sa mère, la fusion n'est pas feinte, mais bien réelle, attachante, émouvante et jamais démentie. Nathalie tient à comprendre et à protéger son fils prodige. Elle a même quitté son emploi pour se consacrer à sa carrière. Elle reconnaît que Kevin a toujours été différent de ses cadets, Noam né en 1995, et Lirone en 2006 : « *Mes deux autres garçons sont un peu plus durs. Kev, c'est un très gentil. Petit, il offrait ses jouets pour se faire des copains. Aujourd'hui, il passe une heure et demie à signer des autographes et à faire des photos avec son public à la fin de chaque représentation. Il a toujours été comme ça*[2]. » Fanny, une fan de quinze ans qui ne rate jamais les shows de son idole lorsqu'il se produit à Paris, a vite remarqué cette complicité entre la mère et son fils : « *La maman de Kev ne se trouve jamais loin de lui quand, à la fin des spectacles, il vient voir son public pour signer des autographes, faire des selfies, nous faire des bisous, nous dédicacer des T-shirts ou des DVD. En même temps, elle ne nous met pas la pression, genre "allez, ça suffit, il est fatigué !" Elle respecte et comprend bien notre lien avec lui. On l'aime si fort qu'il n'oublie pas de nous accorder son temps et son attention. La mère de Kev me fait penser à la mienne : elle couve son enfant pour le protéger, jamais pour l'étouffer...* »

Gosse de la rue Botzaris dans le 19e arrondissement parisien jusqu'à l'âge de treize ans (l'année de sa bar mitzvah, qui correspond à la communion pour les garçons dans la religion israélite), Kevin Smadja et sa famille s'éloignent de leurs bases en s'installant, en 2004, dans la chic banlieue des Hauts-de-Seine et sa ville symbole, Neuilly-sur-Seine. Un certain Nicolas Sarkozy y est

1. *Télé Obs*, 9 novembre 2014.
2. *Libération-Next*, 10 mars 2014.

alors l'inamovible maire depuis avril 1983, tout en occupant les fonctions de ministre de l'Intérieur dans le gouvernement de Jean-Pierre Raffarin sous la présidence de Jacques Chirac. Mais ce déménagement ne signifie pas un changement radical dans le train de vie du foyer Smadja : « *On n'a jamais manqué de rien quand j'étais enfant, mais on n'a jamais eu plus que ce qu'on devait avoir. On a toujours eu ce dont avait besoin, on avait toutes nos fournitures scolaires, ma mère me préparait ce que j'avais envie de manger et on partait en vacances… Vivre à cinq personnes dans un 90 mètres carrés, même à Neuilly-sur-Seine, je n'appelle pas ça rouler sur l'or. Je viens d'un milieu normal, normal plus même. Mais j'ai adoré mon enfance, avec une famille soudée, une maman très protectrice, un papa plus pudique mais aussi proche. Des parents qui m'ont toujours mis en valeur et ne m'ont jamais freiné dans mes envies ou mes rêves.* » Une façon de tordre le cou définitivement à cette rumeur ou ce cliché de gamin « riche » ou de fils à papa, uniquement parce qu'il a vécu et grandi à Neuilly-sur-Seine !

Si sa maman a longtemps joué le rôle de bouclier, à la fois protecteur et rassurant, c'est aussi en raison d'une fêlure dans l'enfance de Kevin Smadja. À l'école, son quotidien ne ressemble pas à un long fleuve tranquille. À cause de son léger surpoids, certains élèves se moquent de lui, le surnommant « Bouboule ». Comme il souffre aussi d'acné sur le visage, d'autres lui collent le méchant patronyme de « Calculette ». Sans oublier l'appareil dentaire à trois bagues qu'il portera quelque temps et inspirera le cruel sobriquet de « Trident » ! Et sa fameuse tignasse, à la fois épaisse et frisottée devenue aujourd'hui sa marque de fabrique, sa « touffe » d'identité, son signe particulier, ne représentait pas, au lycée Pasteur de Neuilly-sur-Seine, un atout. Sur cette époque compliquée de sa vie, liée à la disparition de son grand-père maternel, Kev Adams s'est confié dans le magazine *Paris Match*, au mois de mars 2014 : « *À son décès, je suis entré avec ma tristesse dans cette période difficile qu'est l'adolescence: acné, appareil dentaire et cheveux gras. Nous avons déménagé d'une commune très populaire pour Neuilly, très guindée. J'étais considéré comme une racaille, personne ne voulait me parler. Un jour, un type qui n'était pas plus méchant que les autres m'a dit : "Tu viens, la Calculette?" À cause des boutons, bien sûr. Lui était très poilu et je lui ai répondu un truc du genre : "J'arrive, terre des ours!" Tout le monde a éclaté de rire et j'ai commencé à exister en devenant le mec drôle de la bande…* » Durant son adolescence (mais aussi pendant les années vécues rue Botzaris), Kevin développera son sens de la comédie et testera ses effets comiques auprès de ses meilleurs potes de Neuilly-sur-Seine et du lycée Pasteur, comme le chanteur et acteur Marvin Dupré, découvert dans la série télévisée *Mademoiselle Joubert* aux côtés de Laurence Boccolini (sous son vrai nom, Marvin Benhaïm) et qu'on a pu revoir dans *Famille d'accueil* ou *Section de recherches.* Entre la star Kev Adams et l'apprenti vedette Marvin Dupré, l'amitié est demeurée, depuis leurs « déconnades » sur les bancs du bahut, en déambulant sur les larges et verts boulevards de Neuilly ou dans la brasserie Durand Dupont, leur fief où ils se retrouvent quand l'emploi du temps de Mister Kev le permet. Ils ont fêté ensemble la nouvelle année 2015, avec leurs deux autres meilleurs amis, Benjamin et Dylan, autour d'un périple entre l'Italie et l'Espagne. Marvin Dupré tenait un petit rôle dans le film *Fiston* qui avait pour têtes d'affiche Franck Dubosc et… Kev Adams. Lors de plusieurs shows de l'humoriste, face à des salles entièrement acquises à la cause de Kev et remplies jusqu'au dernier strapontin, le copain Marvin a assuré la première partie en chansons. À croire que le lycée Pasteur de Neuilly-sur-Seine est, par ailleurs, une terre nourricière pour les comiques, puisqu'une grande partie de la troupe du Splendid (Christian Clavier, Thierry Lhermitte, Gérard Jugnot, Michel Blanc) se rencontra dans cet établissement et y donna ses premiers spectacles.

Au même titre que ces quatre Bronzés, l'élève Kevin Smadja figure donc dans la prestigieuse « écurie » du lycée Pasteur où s'illustrèrent, avant lui, François Hollande, Bernard-Henri Lévy, le chanteur Jean-Louis Aubert, l'écrivain Henri Troyat, l'animateur et journaliste Pierre Tchernia, le député-maire d'Issy-les-Moulineaux André Santini ou l'auteur et dramaturge Amanda Sthers, ex-femme de Patrick Bruel et compagne du musicien Sinclair.

Mais pour l'ado Kevin, la vocation de comédien date d'encore avant. Selon lui, l'influence de son grand-père maternel, disparu en 2004, est essentielle. « *Je sais qu'il jouait de la mandoline avec ses amis sur les petites places de Tunis. Il aimait se donner en représentation et il nous a transmis ce goût du spectacle, à moi et à mes cousins. Nous allions en vacances d'été chez lui et ma grand-mère dans leur maison de Juan-Les Pins, c'était toujours la fête. Mon grand-père nous encourageait à nous exprimer. Je racontais les fables de La Fontaine à ma sauce, j'avais sept ou huit ans, ma cousine Rachel dansait et mon cousin Michaël faisait des dessins... Il est mort lorsque j'avais treize ans et cela a été un choc. Il était un exemple pour moi, comme un père-pote, et il était le seul à me dire quand j'étais un gosse : tu veux être un comédien, tu le seras !* » a expliqué le roi Kev lors d'une interview à *Paris Match* en mars 2014. Le déclic de l'enfant Smadja s'est déroulé en 1998 alors qu'il n'a que sept ans. Sa maman Nathalie emmène régulièrement son fils aîné au cinéma, et lorsqu'il découvre, dans la salle du Grand Rex, située sur les grands boulevards à Paris (le quartier où son père possédait alors encore son magasin de téléphonie), la superproduction de James Cameron, *Titanic*, avec Leonardo DiCaprio et Kate Winslet, c'est la révélation : « *Quand je suis sorti, j'ai dit à ma mère : je veux faire Leonardo DiCaprio. Elle m'a dit : c'est comédien* », se souvient-il. Comme il le raconta aussi dans l'émission de Frédéric Lopez, *La Parenthèse inattendue* au mois de janvier 2013 sur France 2, Kev fut subjugué par DiCaprio et son impact auprès du public en général et sur les filles en particulier : « *Je voyais tous les gens qui vivaient le film* Titanic, *qui pleuraient, je voyais Leonardo DiCaprio qui avait la classe, il représentait tout ce que je voulais être. Moi, j'étais petit, bouboule, les cheveux gras et ondulés, et là, je vois un mec sec, beau gosse, genre petite chemise, qui arrive, un peu style années 1930, avec une mèche, pour moi, c'était Dieu ce mec, avec son visage en immense, 8 mètres sur 12, sur l'écran et toutes les meufs dans la salle qui pleuraient ! J'ai dit à ma mère : je veux être lui !* » Et d'ajouter dans un autre entretien : « *Dire que la séduction ne comptait pas dans mon envie d'être acteur, ce serait mentir. Quand toutes les filles que vous trouvez mignonnes vous considèrent uniquement comme le bon pote ou le petit frère, parce qu'en réalité, vous êtes physiquement dégueulasse, vous fantasmez qu'elles fassent intérieurement "waouh !" en vous regardant, comme avec Leonardo. J'avais envie de "pécho", d'être aimé, de lui ressembler...* » À partir de cet émerveillement devant la prestation et le charisme de DiCaprio, le petit et complexé Kevin ne cesse, dès lors, de répéter à son entourage familial : je vais être acteur ! Une sorte de credo et une envie assez incroyables pour un gamin de sept ans, alors que ceux de son âge songent plutôt à endosser le costume de pompier, à chausser les crampons de footballeur (nous sommes, alors, à quelques mois de la future victoire des Bleus de Zidane, Barthez et Deschamps au Mondial de juin-juillet 1998) ou à devenir cosmonaute. Pas de rêves de ce genre pour l'écolier Smadja, à qui sa grand-mère maternelle rétorque toujours par un affectueux : « *Mais ce n'est pas un métier sérieux, mon chéri, c'est un rêve d'enfant, c'est comme pompier...* » Auprès de son grand-père, Kevin va, au contraire, trouver un point d'ancrage, un appui, un encouragement permanent pour concrétiser son ambition. « *Comme il a toujours adoré le spectacle, il me disait que j'avais raison et que j'y arriverais. C'était un grand fan de Charlie Chaplin et pour lui, la base d'un bon comédien se trouvait dans l'art du mime. Il me disait toujours qu'il fallait faire croire aux gens à une situation qui n'existait pas. Je me souviens qu'il me mimait souvent une scène, où il faisait semblant de boire un café chaud, sans avoir rien dans les mains. Et moi, j'y croyais à fond tellement ça le faisait, je n'avais que sept ou huit ans. Après, il me demandait de refaire la même chose, mais en me corrigeant, du genre "attention, ta tasse va tomber ! Ramasse là !" Sans m'en rendre compte, il m'a inconsciemment donné mes premiers cours de théâtre…* » se rappella-t-il dans l'émission *La Parenthèse inattendue* en janvier 2013 sur France 2, puis poursuivait : « *Avec cet exemple du café, mon grand-père a accompli un truc majeur pour moi. Cela voulait dire : si toi, tu y crois, nous aussi, on y croira !* »

Un soir de l'année 2000, Papy Cohen (le nom de famille de ce grand-père si important dans la vie de Kev) emmène tous ses petits-enfants à un spectacle du chanteur Dany Brillant au Casino de Paris. L'ambiance bat son plein et un couple de fans ne se prive pas de monter sur la scène pour danser sur le rythme des tubes de Brillant. Sans hésiter, le grand-père de Kevin prend son petit-fils et le pousse littéralement sur les planches du Casino de Paris, sous les yeux des centaines de spectateurs et d'un Dany Brillant, plutôt surpris de l'irruption de ce gamin de neuf ans au milieu de son show. Totalement tétanisé, à la fois gêné et intimidé, le jeune Kevin descend, mais Papy Cohen lui lance un tonitruant : « *Allez, vas-y Kevin, remonte sur la scène, tu veux être acteur, vas-y, mets l'ambiance !* » Dans *La Parenthèse inattendue* sur France 2, l'humoriste s'attarde sur son papy : « *En fait, il y avait face à moi, un homme, mon grand-père, qui avait tellement envie que je sois sur scène. Malheureusement, il ne m'aura jamais vu sur scène, puisqu'il est mort quand j'avais treize ans. J'avais deux rêves : devenir comédien et avoir un petit frère, les deux choses se sont réalisées. Alors bien sûr, mon grand-père n'a pas vu mes spectacles, toutes ces scènes et ces choses que j'ai vécues depuis, cela me fait mal, mais c'est impossible qu'il n'y soit pour rien. Et je me dis : bien sûr qu'il voit tout ça, où qu'il soit et quoi qu'on pense de ce qui se passe après la mort, il y est forcément pour quelque chose.* »

Ce grand-père, au goût artistique très poussé, agira comme un détonateur dans la tête de Kevin Smadja. Dès l'âge de sept ans, il demande à ses parents de l'inscrire à des castings. Pendant six ans, le futur Kev Adams va se présenter à des centaines d'annonces pour des publicités, des films de cinéma, des téléfilms ou des clips vidéo. Acteur, tu veux être, acteur, tu seras, lui avait prédit Papy Cohen ! Chaque mercredi après-midi, alors que ses camarades font du judo, jouent avec leurs PlayStations ou regardent leurs séries favorites, lui postule pour un rôle, une figuration, une silhouette. À raison de trois rendez-vous le mercredi et trois autres le samedi après-midi, Kev se rend à ces séances, accompagné de son père Thierry. Là, au milieu de dizaines d'autres enfants de sa génération, souvent plus beaux, plus photogéniques, peut-être plus doués que lui, l'aspirant comédien essuie échec sur échec. Refus sur refus. Réponses négatives et fins de non-recevoir. Comme l'ont souligné nos confrères du magazine *Télé Obs* dans un article du mois de novembre 2014, « *à regarder au microscope le CV de Kev Adams, on distingue des périodes lointaines, fugaces, mais intenses, de frustrations et de galères. Des traumas qui aujourd'hui encore zèbrent sa bonne humeur. Comme cette myriade d'auditions ratées qu'il a passées lorsqu'il était enfant, déjà convaincu de sa destinée…* »

Souvent, la cruauté n'épargne pas l'enfant Kevin, à cause de sa chevelure peu commune et de son gabarit qui lui a valu le surnom de « Bouboule ». À plusieurs reprises, des directeurs de castings, qui sélectionnent l'heureux élu parmi les candidats, diront froidement à Kev : « Votre coiffure n'est pas conforme à ce que nous recherchons » ou « Vous n'êtes pas dans la norme » ou encore, « Vous ne correspondez pas à ce qu'il nous faut ». Des dizaines de portes qui se ferment, des journées à attendre pour rien près du téléphone en croisant les doigts pour que le miracle se produise enfin, des rencontres qui n'aboutiront jamais. Kev Adams n'a pas oublié les raisons invoquées par ceux ou celles qui ne l'engagèrent pas : « *J'étais trop grand pour mon âge, trop jeune pour le rôle, je n'avais pas la tête de l'emploi. Ni les cheveux de l'emploi…* »

Pourtant, en 2000, un petit miracle s'accomplit. Kevin a neuf ans, la même volonté plus que jamais chevillée au cœur et au corps, mais toujours aucun contrat à l'horizon. Un après-midi, le téléphone sonne dans l'appartement de la rue Botzaris. Sa maman décroche. « Cette fois, c'est bon, Kevin, ils t'ont pris ! » Le futur héros de *Fiston* ou des *Profs* vient d'être engagé dans le long-métrage du réalisateur Dante Desarthe (fils du grand acteur Gérard Desarthe), intitulé *Cours toujours !* Certes, il s'agit d'un tout petit rôle, avec une journée et demie de tournage, mais cela reste un moment exceptionnel pour l'humoriste : « *C'était extraordinaire ! J'étais tellement habitué aux refus des castings directors ou des réalisateurs que c'était comme si j'avais gagné la Coupe du monde intersidérale ! Je me suis carrément pris pour Brad Pitt…* » Sortie à la fin de l'année 2000, cette comédie, qui réunissait Emmanuelle Devos, Isaac Shary et Clément Sibony dans les principaux rôles, n'attira guère les foules. Elle permet néanmoins au jeune Kevin de découvrir l'univers cinématographique, l'ambiance des plateaux et le contact avec d'autres comédiens. Ce « dépucelage » professionnel ne sera pas suivi d'autres expériences, mais elle va conforter Kevin, son grand-père et ses parents, dans cette conviction que le garçon a en lui le feu sacré. D'autant plus qu'à cette période, une nouvelle génération d'humoristes prend le pouvoir dans laquelle Kev se reconnaît immédiatement. Ils s'appellent Élie Kakou,

Élie Semoun, Jamel Debbouze et, surtout, son idole, son modèle, son inspirateur, Gad Elmaleh. De lui et de Jamel Debbouze, il admire, et a repris, une évidente aisance à parler du quotidien. Du regretté Élie Kakou, disparu en 1999, il apprécie le sens incontestable du show et dit que « *c'était un visionnaire dont j'ai découvert l'œuvre sur le tard* ». Autre comique que l'enfant, puis l'adolescent, Kevin apprécie : le Québécois Michel Courtemanche. Cet homme élastique, qui assura la publicité pour les saucissons Justin Bridou dans les années 1990, a bâti ses spectacles sur l'art du mime et des effets burlesques, comme dans le cinéma muet au début du XXe siècle. Un style qui ne peut que séduire la future vedette du one-man-show que deviendra Kevin Smadja : pour être un bon comédien, il faut être un bon mime, lui avait enseigné Papy Cohen. « *Courtemanche est le premier qui a dit : il n'y a pas besoin d'une vanne pour faire rire sur scène* », a souligné Kev Adams dans *Télé Obs* le 9 novembre 2014. De véritables héros d'enfance pour le jeune garçon, qui regarde en boucle les DVD des spectacles de Gad Elmaleh, Jamel Debbouze, Courtemanche et Coluche. Une véritable fascination pour ces chevaliers du rire, capables de distiller du bonheur et de la bonne humeur dans le quotidien des gens. C'est cette faculté à divertir les autres qui impressionne le plus Kevin.

Chaque samedi soir, ou presque, la famille Smadja se réunit devant la télévision pour voir et revoir le deuxième spectacle de Gad Elmaleh, *La Vie normale*, qu'il présenta en 2001. De là, viendra l'envie pour Kev Adams d'écrire aussi ses propres répliques, ses scènes de la vie, ses impressions générationnelles. « *Je me suis dit que si les gens n'arrivaient pas à voir mon talent sur un texte donné, il fallait que j'arrive à leur prouver cela sur un texte écrit par moi* », raconte le comique de Neuilly-sur-Seine. Dès l'âge de quatorze ans, Kevin l'acteur se double d'un Kevin auteur. Sur ses cahiers d'écolier, il commence à noircir des pages et des pages où s'entremêlent des vannes qu'il invente, des blagues qu'il a entendues, des séquences de son quotidien qu'il parodie. Peu à peu, il peaufine un univers personnel avec des répliques et un comique de situation qui lui sont propres. Il en crée des centaines, principalement sur un cahier bleu devenu aujourd'hui une sorte de relique, qui vaudra un bon prix s'il a un jour l'idée de le mettre aux enchères ! Tout en poursuivant son voyage frustrant dans le cruel pays des castings, Kev écrit, s'entraîne et décortique les prestations des vedettes de l'humour.

Plus que jamais déterminé à embrasser la carrière de comédien, le jeune Smadja impressionne sa mère Nathalie : « *Sa ténacité était telle, il y croyait si fort qu'on ne pouvait pas le freiner*[1] », se rappelle-t-elle. Ses temps de loisirs sont entièrement consacrés à sa passion, sa vocation, sa raison de vivre. « *Je le vivais comme une activité extrascolaire, pas comme une formation. Vers sept ou huit ans, j'étais dans une posture très studieuse. Trois ans plus tard, nous jouions au collège des extraits de* Tartuffe *et du* Malade imaginaire *en fin d'année. Mais j'ai arrêté le théâtre parce que mon grand-père commençait à être malade. J'avais douze ans et j'ai un peu baissé les bras. Et puis, quand j'y suis revenu, vers mes treize-quatorze ans, les rêves de Comédie Française s'étaient évanouis, je voulais foutre le bordel. Il fallait que je déconne, que je fasse des sketchs, que je sois la star…* » s'exclame-t-il. Comme une revanche sur cette période de ses huit-treize ans et de cette fêlure qu'a représenté son poids : « *C'est un vrai truc dont le public ne peut pas se rendre compte aujourd'hui, mais j'ai été bouboule, pour ne pas dire plus. Cela a été une période très dure, avec les nutritionnistes et les spécialistes de santé qui m'interdisaient des plats à la cantine. Cela m'a forgé une personnalité. Jeune ado, je ne pouvais pas m'affirmer par le physique. Les seuls atouts qui me restaient étaient la sympathie, l'humour et*

1. *Libération-Next*, 10 mars 2014.

l'intelligence », a-t-il confié dans une interview pour *Le Journal Du Dimanche*, en décembre 2013. Tout comme il portera longtemps son prénom comme un petit fardeau, même s'il relativise aujourd'hui cette « affaire » : « *À l'époque du film* Bodyguard, *ma mère kiffait Kevin Costner. Aujourd'hui, j'ai pris de la distance par rapport à ça, mais quand j'étais petit, c'était reulou ! Kevin, ça faisait faux Américain. Pas classe. Ce n'était pas la fin du monde, pourtant, je me suis monté un truc dans ma tête...* » Encore un complexe ! Entre le surpoids, la chevelure hors norme, les boutons d'acné sur le visage, l'appareil dentaire et le prénom made in Hollywood, l'enfance et l'adolescence de Kev n'auront donc pas été une partie de plaisir. Heureusement que l'amour de sa famille et la bienveillance de son grand-père maternel compenseront ses moments de blues.

En quittant le quartier de la rue Botzaris en 2004, Kevin Smadja laisse derrière lui son ambiance populaire, sa mixité et cette gouaille typiquement parisienne. Les Smadja arrivent à Neuilly-sur-Seine qui est à l'opposé du 19e arrondissement, à une exception près : la présence d'une importante et chaleureuse communauté juive. Inscrit au lycée Pasteur, une belle bâtisse située dans le calme et cossu boulevard Inkermann, l'élève Smadja va rapidement s'adapter à ce nouveau « way of life ». Grâce à son sens de l'humour, son caractère expansif et sa facilité à faire le show, il se fait de nouveaux amis. Il entreprend la conquête d'un auditoire de lycéens, toujours prêts à rire des vannes de leur pote Kev qui, déjà, pose les jalons de son identité artistique : un jeune rigolo racontant sa vie d'ado. Avec spontanéité, culot et authenticité, le tout arrosé d'une irrésistible tchatche ! Et comme l'explique Manon Taxi, une jeune fan de Kev Adams – elle vit à Montpellier et a créé avec une amie lycéenne, Marine Agasse, une page Facebook à la gloire de l'humoriste : « *On se reconnaît tous dans l'humour de Kev. Moi, je ne suis pas amoureuse de lui, c'est comme un superpote, le genre d'amis qu'on a tous au lycée, à qui ont sort une vanne toutes les cinq minutes et qui fait la même chose. Et si on l'aime, c'est qu'il a su se démarquer des autres humoristes, à une époque où on manquait de comiques très jeunes comme lui…* » Outre les copains du lycée Pasteur et un nouvel environnement très agréable, Kevin Smadja va aussi trouver à Neuilly-sur-Seine le premier lieu où il pourra, dès l'âge de quatorze ans, s'exprimer sur une scène : la Maison des jeunes et de la culture. Située sur la très jolie place Parmentier de cette ville bourgeoise, inscrite au registre des plus riches de France, cette MJC propose de très nombreuses activités, dont des cours de théâtre, avec l'atelier Arlequin, dirigé par une comédienne, Bérénice Barré, ancienne élève du célèbre cours Florent, qui travailla avec Jean-Claude Brialy et Raymond Acquaviva, ex-sociétaire de la Comédie Française. Cela ressemble à une évidence pour Kevin qui s'y inscrit dès son arrivée à Neuilly. Le temps des castings infructueux à répétition est derrière lui, il faut passer à autre chose. Du concret, du jeu, des planches, des rôles, des répliques, de l'apprentissage. Son grand-père a disparu et le futur héros de *Soda* n'a pas oublié la fameuse phrase de Papy : « *Si toi, tu y crois, nous aussi, on y croira !* » Pour lui, par amour de la comédie et par besoin de s'affirmer, Kev fréquente assidûment la MJC et l'atelier Arlequin. Bérénice Barré se souvient de l'incroyable détermination de son élève, surtout pendant les séances d'improvisation : « *Rien ne pouvait l'empêcher de faire le métier d'acteur, il savait déjà qu'il le serait. Il était hypermotivé, hyperdéterminé. On pouvait lui fermer une porte pour laisser un peu de place aux autres, il revenait par la fenêtre. On lui disait "non Kevin, ce n'est pas ton tour", il trouvait toujours le moyen d'intervenir dans l'impro*[1]… » Son physique, qu'on lui a souvent reproché lors de ses marathons de casting, commence à évoluer malgré un gros problème d'acné dont il souffrira jusqu'à seize-dix-sept ans (comme tous les autres

1. *100 % Mag*, 7 janvier 2014.

membres de la famille). Il transforme néanmoins en véritable marque de fabrique sa chevelure épaisse et frisée, qu'il sculptera au fil des années en coupe de cheveux ressemblant à une sorte d'étoile de mer. Même si pour lui, cette particularité capillaire reste un souci : « *Mes cheveux, c'est mon grand problème, c'est clair. On a tous des défauts qu'on ne supporte pas, moi, c'est mes cheveux, c'est comme ça.* » À la Maison des jeunes et de la culture de la place Parmentier, l'élève Smadja brille par sa facilité. Ce don stupéfiera quelques années plus tard sa manager Élisa Soussan quand elle le repèrera en 2009 : « *J'avais été frappée par sa facilité et son aisance, son occupation d'un plateau, son perfectionnisme et le fait qu'il savait déjà exactement ce qu'il voulait. Il avait à peine dix-huit ans*[1] *!* » se rappelle celle qui est aussi devenue son associée.

S'il se montre assidu lors des ateliers d'improvisation ou à l'initiation aux grands classiques, comme Molière ou Marivaux, proposée par sa MJC, l'aspirant comédien vise un autre champ d'expression, celui de l'humour. Faire partie du club haut de gamme de la comédie. Du gotha royal de la vanne où il pourra côtoyer l'empereur Gad, tutoyer le prince Jamel, croiser le fer de la blague avec Semoun ou Dubosc et recevoir l'adoubement du seigneur Boujenah. Pour tester les sketchs qu'il continue d'écrire plus que jamais sur ses fameux cahiers d'écolier, Kev réunit un jour de 2007, dans le salon familial, cinq copains et fait le show pendant trente minutes. Il n'a que seize ans et demi, est en classe de première L et filme cette prestation, qui évoque le goût pour la tecktonik de son jeune frère Noam. Les amis rient bien sûr, sa mère trouve cela génial, mais son papa le prend à part et lui assène un franc : « *Ce n'est pas marrant. Je suis ton père et je pense que tu peux faire beaucoup mieux.* » Cette remarque frappe de plein fouet Kevin qui avait décidé d'envoyer le DVD à Gad

1. *Libération-Next*, 10 mars 2014.

Elmaleh et Jamel Debbouze. Alors qu'il ne connaît personne dans le milieu du show business ! Désireux de faire mieux, il obtient une salle de la MJC pour se produire devant une trentaine de potes et copines. Toujours sous l'œil d'un caméscope qui immortalise cette première scène. Il n'a pas encore dix-sept ans…

II

TOUTES PREMIÈRES FOIS

« *C'était un sketch affreux que ma prof de théâtre m'avait autorisé à enregistrer à la MJC de Neuilly-sur-Seine, avec mes potes en guise de public. Je ne pense pas que Gad Elmaleh l'ait jamais regardé, mais ce n'est pas grave. Avec le recul, j'ai compris que je ne voulais pas dire "regardez comme je suis drôle", mais plutôt, "regardez comme j'en ai envie"*... » Si Kev Adams évoque l'acteur et réalisateur de *Coco*, au souvenir de cette première prestation en public sur les planches de la salle de la place Parmentier, c'est parce que l'adolescent de dix-sept ans a juré de rencontrer son idole, en chair et en os. Et pas pour n'importe quelle raison. Même si son père juge cette seconde séquence filmée aussi médiocre que la première, Kevin se remet au travail, entre sa chambre, le salon de ses parents et la MJC de Neuilly-sur-Seine. Certes, les avis de papa ébranlent quelque peu Kev dans sa vocation et son potentiel d'acteur. Comme il le confia lors d'une émission de télévision : « *En me répétant "c'est encore léger", c'est comme si mon père me disait : c'est de la grosse merde ! Je commençais à douter, je pensais même que je faisais fausse route...* » Mais l'envie reste plus forte que tout. Comme la fortune n'appartient qu'aux audacieux, la future vedette des *Nouvelles Aventures d'Aladin* décide donc d'approcher Gad Elmaleh directement. « *Je sortais avec une fille qui était mon amour de jeunesse et je lui avais juré de l'emmener voir Gad dans sa loge, alors que je ne le connaissais pas du tout. Nous sommes arrivés devant l'entrée des artistes à l'Olympia, gardée par le physionomiste à qui je raconte mon histoire, je l'ai supplié, je l'ai fait rire, il m'a dit non dix fois, vingt fois. J'en ai fait des tonnes, jusqu'au moment où il a craqué et il m'a fait entrer* », se souvient-il. En voyant débarquer ce gamin de dix-sept ans, la star Gad a eu un coup de cœur, comme s'il se reconnaissait un peu en lui. Sans se démonter, Kev explique à Gad qu'il souhaiterait lui montrer sa vidéo, tournée à la MJC de Neuilly. Dès le lendemain, l'idole des ados revient boulevard des Capucines, où brille l'enseigne de l'Olympia, et voit Gad Elmaleh qui marche avec son père. Les retrouvailles sont chaleureuses et l'interprète de *Chouchou*, le cultissime travesti de la place Clichy, lui promet qu'il visionnera son DVD. L'a-t-il vraiment regardé ? Kev espère que non car il se trouve a posteriori franchement mauvais.

Destin incroyable que le sien : un peu plus d'un an plus tard, il jouera en première partie de monsieur Elmaleh, au Palais des sports de Paris devant 5 000 personnes ! Lorsque le jeune roi Kev se produira, à son tour, en tête d'affiche à l'Olympia en 2012 avec son spectacle *The Young Man Show*, le même physionomiste, se remémorant son intrusion sympathique et culottée dans la loge de Gad Elmaleh quelques années plus tôt, lui dira : « *Mon travail consiste à ce que personne ne pénètre ici et, toi, tu m'as retourné le cerveau. Ce jour-là, quand j'ai compris à quel point c'était important d'entrer dans ce monde, j'ai su que tu allais réussir.* »

Mais avant de voir son nom écrit en néons sur la façade du célèbre music hall boulevard des Capucines, Mister Kev commence en bas de l'échelle. Il poursuit ses études au lycée Pasteur, sèchant un cours sur deux. C'est sûr, il ne deviendra jamais avocat ou médecin, comme l'espéraient tant ses parents. Kev peaufine toujours le même sketch et ne rêve que de brûler les planches. Il décide de tenter sa chance sur les scènes ouvertes de la capitale. Différents lieux comme des restaurants, des bars, de toutes petites salles de théâtre ou des cafés-théâtres ouvrent leurs portes à des comiques inconnus et sans expérience. Pour Kevin, le jeu en vaut la chandelle, même si les risques sont grands : on peut y débuter une carrière mais on peut aussi « se vautrer » au décollage. Le fabuleux destin artistique de Kev Adams nous amène au 35, boulevard Bonne Nouvelle, en plein cœur des Grands Boulevards, au Pranzo, une pizzeria qui offre sa chance à de nouveaux talents.

Très vite, le propriétaire des lieux repère les capacités de ce lycéen surdoué, même s'il ne possède pas encore toute la technique d'un comédien professionnel. Il se trouve que, par hasard, le patron du Pranzo s'appelle aussi Smadja, Emmanuel de son prénom. Cet ancien étudiant en comptabilité, amoureux du spectacle, a transformé en 1986 cette ancienne salle de PMU, considérée comme la plus grande de Paris, en un lieu convivial. Un restaurant italien au rez-de-chaussée, surplombé d'une salle de spectacle au premier étage. « *Ce n'est pas un lieu facile pour ceux qui débutent, car les shows commencent vers 21 h 30 et lorsque vous passez en quinzième position, vers 23 h 30-minuit, alors que les clients peuvent être fatigués, il faut savoir chercher le public et capter son attention. C'est là qu'on voit la différence entre ceux qui y arrivent et ceux qui ont plus de difficultés. Kev appartenait évidemment à la première catégorie*[1] », confie le patron du lieu, où débuta aussi Arnaud Tsamère, un autre humoriste qui a fait son chemin. Quand il le reçoit au Pranzo pour la première fois en 2008, Emmanuel Smadja demande à l'ado de lui montrer ses premiers textes.

Il le fait aussi avec quelques autres de ces aspirants de l'humour et de la vanne, qui se produisent chez lui cinq minutes chacun, à tour de rôle, comme dans une enfilade de blagues, avec tous le même espoir : faire rire pour séduire leur auditoire

1. *Street Generation*, 17 mars 2011.

et, cerise sur le gâteau, éveiller l'intérêt d'un agent artistique, d'un directeur de casting ou d'un producteur de spectacles. Ensemble, ils vont donc peaufiner les sketchs de Kev. À cette époque, ce dernier est encore le lycéen Kevin Smadja, en $1^{\text{ère}}$ L au lycée Pasteur. Il termine ses cours vers 17 h 30-18 h, passe rapidement au domicile familial, repart pour donner des cours de soutien à un jeune garçon de onze ans jusqu'à 20 h 30. Dans le quotidien suisse *Le Matin*, Kev Adams l'a raconté au mois de mars 2014 : « *Pour les scènes ouvertes que je faisais (le Pranzo, mais aussi le Comedy Club, le Trévise ou le Paris Paname, toutes dans le même quartier des Grands Boulevards, entre Opéra et République), on n'était pas payés, mis à part une pizza ou un autre plat. Pour y aller et revenir sur Neuilly-sur-Seine, j'avais super peur de prendre le métro. Je sais, c'est un peu idiot de le dire, mais bon c'est comme ça, et les scènes ouvertes, c'était le plus souvent entre 22 h et minuit. Entre les sous que je gagnais avec mes cours de soutien et mon argent de poche, cela me permettait de me payer le taxi aller et retour. Cela a duré deux ans.* » Durant ses prestations au Pranzo, Kev a l'idée d'enfiler sur scène des T-shirts où sont écrits les slogans « I love ma mère », « I love mon père » ou « I love my friends », sur le concept du légendaire « I love New York ». Un soir, le jeune comique arrive avec un polo à son effigie, « I love Kev Adams ». Pour son nom d'artiste, Kevin n'a pas cherché très longtemps : personne n'arrive à bien prononcer ce nom, Kevin Smadja, encore moins à le retenir. « *Smadja à l'envers, cela donne Adams, en enlevant le j, et cela sonne bien !* » souligne le héros des *Profs 2*, qui sortira au cinéma le 1er juillet 2015, et qu'il a tourné entre l'Angleterre et la Belgique. Avec ce T-shirt « I love Kev Adams », sorte de coup de génie marketing, il est immédiatement identifié dans l'esprit des spectateurs. Alors que tous les autres humoristes, illustres anonymes gonflés à bloc comme lui, qui sont aussi venus tenter leur chance, peinent à imposer leur nom à ces consommateurs qui les écoutent distraitement en sirotant un mojito ou une vodka pomme, Kevin Smadja a inventé le vêtement autopromotionnel ! Comme il l'évoque dans l'émission de Frédéric Lopez, *La Parenthèse inattendue*, où il était invité au côté du coiffeur Franck Provost et de la comédienne Danièle Evenou, ce T-shirt « I love Kev Adams » sera un élément déterminant dans sa jeune notoriété : « *Quand je sortais du Pranzo, avec une quinzaine d'autres jeunes comiques, les spectateurs nous alpaguaient avec gentillesse : toi, tu étais bon ! Toi, moyen ! Toi, Kev Adams, pas mal ! J'étais le seul dont ils connaissaient le nom et je me demandais pourquoi, alors que je n'étais resté que trois minutes sur scène. Un soir, un copain m'a dit : c'est simple, ils ont ton nom devant leur gueule avec ton T-shirt ! Ils ne peuvent se souvenir que d'un seul comédien : toi !* »

Peu à peu, la réputation de ce jeune, qui fait du one-man-show avec la maîtrise d'un vieux briscard alors qu'il doit réviser ses cours, commence à s'étendre dans la capitale. En rentrant au domicile familial vers 2 ou 3 heures du matin, le lycéen Smadja trouve, parfois, la force de se pencher sur ses cours de philosophie ou d'histoire-géographie, en prévision des épreuves du baccalauréat prévues au mois de juin 2009. Un rythme infernal, épuisant, tant physiquement que moralement, mais Kev veut aussi donner satisfaction à ses parents : décrocher le bac. Conscient de la précarité et de l'instabilité du métier d'acteur, il souhaite se fabriquer une soupape de sécurité, avec un diplôme – le baccalauréat, voire plus si possible – même si la comédie demeure sa « drogue » et son objectif absolu. « *C'est assez dingue d'être devenu comédien, parce que j'ai toujours rêvé de l'être et cela fait bizarre d'y être arrivé. Souvent, les histoires des acteurs, c'est : "J'ai accompagné un pote à un casting et puis d'un coup, c'est tombé sur moi". Moi, je n'ai accompagné personne. Que moi ! Depuis le début, je veux que ça le fasse. Je me bats pour exister dans ce milieu. Si cela n'avait pas marché, je pense que j'aurais fait du droit* », a-t-il avoué lors d'un de ses passages en Suisse au mois de mars 2014. Durant cette époque des scènes ouvertes où, pour cent appelés, il n'y a qu'un ou deux élus, la compétition bat son plein, sous des apparences bon enfant caractérisées par de grandes tapes « amicales » dans le dos. « *Au départ, j'avais le sentiment d'une solidarité entre nous. Après, il ne faut pas se mentir, je n'ai pas été très bien vu et je peux le comprendre. Un gamin qui débarque dans ce monde à dix-sept ans et demi, signe un contrat un an plus tard et dans la foulée joue à l'Olympia, reste deux mois chez Ruquier dans l'émission* On ne demande qu'à en rire, *monte un programme qui cartonne sur W9, ça peut mettre la rage à un mec qui galère depuis dix ans*[1] », dira-t-il. Dans ce monde des scènes ouvertes, où les comiques ont souvent entre vingt-cinq et trente-cinq ans et n'emportent pas l'adhésion des spectateurs, la jeunesse insolente, la popularité naissante et la facilité déconcertante de Kev susciteront, chez certains, soit de la jalousie, soit du mépris, soit de la rancœur. Élisa Soussan remarque que « *même des artistes connus lui ont réservé, au départ, un accueil plutôt froid. Kev n'avait pas une très bonne image auprès d'eux, et cela continue encore un peu d'ailleurs. C'est injuste, mais c'est le prix à payer quand vous réussissez très vite et que vous avez du talent*[2]. » Un sentiment que partage Claude Fournier, aujourd'hui directeur artistique du festival Juste pour rire, organisateur de plusieurs autres festivals qui comptent dans le monde de l'humour et grand producteur de spectacles d'humour, en particulier ceux de Pierre Palmade, Jean-Marie Bigard ou Anne Roumanoff : « *Kev Adams, c'est un véritable phénomène. Il est sur scène comme un poisson dans l'eau !* » Pour lui, le triomphe de Kev ne doit rien au hasard : « *Je sentais tout de suite*

1. *Télé Obs*, 9 novembre 2014.
2. *Idem.*

que la France entière connaîtrait son nom. En le découvrant sur ces scènes ouvertes, j'ai compris que sa principale force, c'est d'être au milieu du gué : un pied chez les adultes, un autre chez les ados. Et il en joue à merveille, en mettant en lumière les manies ou les petitesses des uns et des autres. Sans vulgarité et sans concessions. Je le redis : ce gars est un phénomène ! »

Le public et les professionnels vont s'en rendre compte lors de la quatrième édition de l'évènement « Paris fait sa comédie – L'humour en capitale », au début de l'année 2009. Dans plusieurs salles de Paris, des castings d'humoristes ont lieu et le big boss du Pranzo, Emmanuel Smadja, surnommé Manu, conseille à Kev Adams de s'inscrire à cette manifestation de plus en plus prisée par les Parisiens. Kev concourt donc dans la catégorie « Nouveaux Talents » avec son premier sketch, *L'Ado*, celui qu'il maîtrise le mieux et dont il a pu apprécier l'impact auprès des spectateurs lors de ses différentes prestations. Face au jury, il passe facilement le premier tour, les huitièmes de finale, puis les quarts de finale et atteint la demi-finale. À ce stade, les candidats ont l'obligation de présenter un sketch différent. Or, Kev Adams ne possède pas d'autres textes aussi aboutis, même s'il en a consigné plusieurs, dans ses fameux cahiers d'écolier. Devant cette contrainte du règlement des « Nouveaux Talents », il répète donc une nouvelle scène au Pranzo face à Emmanuel Smadja et deux amis du lycée Pasteur, Benjamin et Marvin. Catastrophe ! Aucun rire chez les trois spectateurs, qui craignent le pire pour la suite. Avec ce sketch, ils sont convaincus que Kev ne se qualifiera pas pour la finale. Un de ses potes lui conseille alors de passer outre les règles du jeu : « *Si tu joues ce sketch, c'est sûr que tu vas perdre ! Alors, perdu pour perdu, ne te prends pas la tête et rejoue* L'Ado, *même si tu sais que ce sera éliminatoire. Fais-toi plaisir et vas les "tuer", les 400 spectateurs !* » Gonflé à bloc par ce conseil amical, Kev Adams se présente donc à cette demi-finale et ment évidemment à la responsable du jury, quand celle-ci s'assure auprès de lui qu'il va concourir avec une nouveauté. Triomphe auprès du public ! Mais élimination directe de Kev Adams pour non-respect de la charte du concours ! Le comique préféré des ados ne fera pas partie de la finale pour cette cuvée 2009 dans laquelle on pouvait applaudir Mathieu Madénian, Arnaud Ducret, Florent Peyre, Audrey Lamy, l'imitateur Marc-Antoine Lebret, ou encore Kyan Khojandi qui deviendra célèbre avec sa série de programmes courts *Bref*, diffusée dans *Le Grand journal* de Canal + en 2011. Arnaud Ducret, le vainqueur, âgé de trente-trois ans à l'époque, sera d'ailleurs, quelques années plus tard, le partenaire de Kev Adams dans la comédie *Les Profs*, le plus gros succès du cinéma français pour l'année 2013. Cette mésaventure réglementaire ne va nullement empêcher Kev de poursuivre son chemin vers la gloire. Comme si une bonne étoile planait au-dessus de la tête frisée du petit garçon complexé par son poids et son acné, une des membres du jury l'a repéré. Il est peut-être encore sur les bancs du lycée, son style jamais vu dans le milieu des comiques l'attire. Elle s'appelle Élisa Soussan et travaille avec Anne Roumanoff, l'une des rares stars de l'humour au féminin avec Muriel Robin, Florence Foresti, Valérie Lemercier ou Michèle Bernier, dignes héritières de celle qui avait ouvert la voie au comique en jupes et talons dans les années 1970, la grande Sylvie Joly. Élisa propose à Kev de rencontrer Roumanoff qui offre une carte blanche à un jeune talent, quelques semaines plus tard à l'Olympia ! Le genre de propositions qui ne se refusent pas. Un rendez-vous avec le train de la chance qu'il ne faut surtout pas rater. C'est donc le cœur battant, mais avec une immense énergie et un énorme appétit de réussite, que Kev Adams arrive dans une salle un peu froide de la banlieue parisienne, où l'attendent Anne Roumanoff et son mari, et producteur, Philippe Vaillant. Très professionnelle et super exigeante avec elle-même, Roumanoff attend le même état d'esprit chez ceux en qui elle croit. De ce point de vue, Kev, dont elle a beaucoup entendu parler, ne la décevra pas. Face à ce duo d'examinateurs, Kev interprète son sketch de *L'Ado*, qu'il maîtrise parfaitement, mais ne déclenche pas une franche hilarité chez le couple. À la fin de son test, Anne Roumanoff prend son texte : « *Bon, ça n'est pas bien, cette partie-là, tu peux aussi l'enlever, pour le reste, cela me va* ». Kev Adams semble interloqué : « *Quand vous dites que cela vous va, ça veut dire que je ferai partie de votre spectacle à l'Olympia ?* » Et voilà comment Kevin Smadja montera sur la mythique scène de l'Olympia le 27 mars 2009, devant les caméras de la chaîne Paris Première qui retransmet le spectacle en direct à la télévision ! Qui aurait dit, un an à peine auparavant, que cet adolescent ne connaissant personne dans l'impitoyable jungle du show business se retrouverait dans ce temple sacré où rôdent les fantômes de Jacques Brel, Édith Piaf, Yves Montand, Gilbert Bécaud, Charles Trénet, mais aussi ceux de Coluche, Élie Kakou, Raymond Devos ou Fernand Raynaud, tous ces grands « frères » ou ces grands « pères » comiques ? Autant de magiciens de la vanne, aujourd'hui disparus, qui ont connu les mêmes sensations que Kev la première fois qu'ils foulèrent la scène de cette salle mythique. Cependant, aucun d'entre eux n'avaient l'âge de Kev lors de sa première fois. De mémoire, jamais un humoriste ne s'était produit à l'Olympia à dix-sept ans ! « *Avec mon passage en première partie de Gad Elmaleh au Palais des sports de Paris, quelques mois plus tard, je pense que ce premier Olympia reste mon plus beau souvenir. Je ne remercierai jamais assez Anne Roumanoff pour ce formidable coup de pouce qu'elle m'a donné en me choisissant pour cette carte blanche. Cela a été un fabuleux tremplin pour la suite* », a souvent raconté Kev Adams, qui considère Roumanoff comme sa marraine dans le métier.

Avec cette prestation, amplifiée par la diffusion sur Paris Première, la renommée de Kev commence sérieusement à grimper. On parle de lui dans le Tout-Paris des scènes ouvertes et des cafés-théâtres comme du « petit Mozart de l'humour ». Sa réputation s'étend même jusqu'en province. Quelques semaines plus tard, Kev participe au « Tremplin » du festival des Feux de l'Humour, organisé par le producteur Claude Fournier, à Plougastel-Daoulas, dans le joli département breton du Finistère, au milieu du mois de mai 2009. En compétition avec d'autres concurrents, plus ou moins jeunes mais tous plus vieux que lui, Kev va conquérir le public breton et les membres du jury. Avec plusieurs longueurs d'avance sur ses rivaux en termes de professionnalisme, de charisme et d'aisance scénique, il remporte le trophée. Pourtant, il n'en menait pas large, quelques heures avant sa représentation, qui durera vingt-cinq minutes. Inquiet et fatigué en même temps, il part s'oxygéner pour gérer son stress sur le pont Albert-Louppe, l'une des attractions touristiques du coin. Après sa longue promenade, il regagne sa chambre d'hôtel et s'enfonce dans un profond sommeil, si reposant, qu'il sera à deux doigts de rater son entrée en scène ! Cette victoire « made in Bretagne » rimera avec déclic dans sa carrière : « *Cela faisait presque deux ans que je galérais un peu dans des scènes ouvertes ou des petits cafés-cabarets parisiens,* a expliqué l'humoriste au quotidien régional *Le Télégramme*, à l'occasion de sa dernière tournée dans cette région au printemps 2014. *Mais il ne se passait rien… Là, pour la première fois, j'ai gagné quelque chose. Et j'ai fait plaisir à ma mère qui me disait toujours que ce n'était pas un métier, qu'il n'y avait pas d'avenir. Sans ce prix, je l'aurais peut-être écoutée, j'aurais tout arrêté et fait autre chose. Alors, oui, je m'en souviendrai toujours de ce trophée des Feux de l'Humour ! Et j'ai une histoire et un attachement tout particulier avec le public breton qui m'a donné ma chance et m'a permis de faire aujourd'hui ce dont j'ai rêvé…* »

Il rêve aussi, « un peu-beaucoup » de cinéma à cette période, quand il voit le triomphe en salles du film de Lisa Azuelos, *LOL*, avec Sophie Marceau, Christa Theret, Jérémy Kapone et Félix Moati, qui attire des millions de spectateurs depuis sa sortie le 4 février 2009. Une comédie sur sa génération, la sienne, celle des « lol » (pour « laughing out loud »), des « graves », des « trop pas », des « trop bien », des « je le kiffe trop », des smartphones, des sms, des réseaux sociaux comme compagnons du quotidien et des Red Bull comme boissons euphorisantes. Un long-métrage dans lequel Kev est figurant ! Au fond de lui, il le sait, les premiers rôles sur grand écran seront bientôt à portée de sa main. « *Si tu y crois, toi, nous, on y croira aussi !* » La formule magique de son grand-père adoré lui revient sans cesse en mémoire. En attendant les plateaux cinématographiques, Kev Adams le comédien doit laisser la place à Kevin Smadja le lycéen. Il honore six nouveaux spectacles à Genève à la fin du mois de mai 2009, puis respecte l'engagement tenu auprès de ses parents : passer l'épreuve du baccalauréat au mois de juin et, surtout, l'obtenir. « *J'ai mené une vie de dingue à cette époque et j'ai volontairement refusé toutes les propositions de galas pour me consacrer uniquement au bac. Ce sont mon père et ma mère qui insistaient, car si cela ne tenait qu'à moi, j'aurais plaqué les études. Je me suis dit que si je l'avais ce bac, mes parents seraient rassurés et que je pourrais m'inscrire pour la rentrée de septembre 2009 à la Sorbonne dans la filière théâtre et cinéma* », se souvient Kev. Bonne pioche : Kevin obtient son bac L en juillet 2009 ! Il opte finalement pour des études de droit, mais sans grande conviction. En attendant la découverte de l'université, direction le Canada et Montréal où le producteur Claude Fournier l'a engagé pour trois soirées, en juillet, lors du festival Juste pour Rire, l'un des plus grands évènements artistiques de l'année pour nos amis québécois. Mais aussi le plus important show du monde dans le domaine de la comédie ! Tout le gotha francophone de l'humour se retrouve dans cette grande fête des comiques, créée en 1983 par Gilbert Ozon, le plus important entrepreneur de ce genre de spectacles et, par ailleurs, membre du jury de l'émission *La France a un incroyable talent* sur M6.

En débarquant à Juste pour Rire version montréalaise, le nouveau bachelier Kev Adams se retrouve face à des valeurs sûres de la vanne, de la tchatche ou du stand-up : Franck Dubosc, Stéphane Rousseau (l'une des stars canadiennes du one-man-show), Florence Foresti, Patrick Timsit et Anthony Kavanagh, l'autre vedette comique du Canada, que certains ont surnommé « l'Eddie Murphy canadien ». Du très haut niveau ! Devant les milliers de spectateurs de la salle du Quartier des spectacles, à Montréal, le junior Adams ne va pas se démonter, ni perdre son sang-froid. Durant ses trois prestations, la nouvelle coqueluche des ados emballe le public. Il en faut du culot, de l'assurance et du talent pour affronter un auditoire d'amateurs avertis qui ne vous connaissent pas du tout. Sur la scène, il joue avec conviction son personnage d'adolescent qui parle de la vie des ados comme personne. Une couche de la population qu'il défend sans coup férir : « *Il faut arrêter de prendre les adolescents pour des écervelés. Il faut les écouter. L'adolescence est une période où on est très créatif et où on a le plus de choses à raconter* », souligna le jeune comique à la sortie d'un de ses passages à Montréal en juillet 2009. Ce que confirme Anne-Lise, une spectatrice québécoise de seize ans, qui déclare à la télévision locale, après avoir découvert cet humoriste venu de France : « *Il parle bien de ce qu'on vit à notre âge et aussi de tout ce qu'on ressent. Son humour est universel et tous les adolescents peuvent se retrouver dans ses sketchs. Je ne suis pas française, je ne connaissais pas Kev Adams, mais je me rends compte qu'on a les mêmes préoccupations, les mêmes centres d'intérêts, les mêmes conflits avec nos parents, que l'on vive à Paris ou à Montréal. Il joue tout cela avec la pêche et aussi avec dérision, mais pas tant que cela finalement. Il y a aussi de la profondeur dans ses scènes comiques.* »

Kev Adams a déjà su trouver les mots, les expressions et le style dans lesquels les ados se reconnaissent. Il vient de fêter de belles choses durant ce mois de juillet 2009 : l'obtention de son baccalauréat ; sa majorité légale, puisqu'il a soufflé ses dix-huit bougies le 1er juillet ; cette première reconnaissance du grand public et aussi de ses illustres pairs comme Franck Dubosc ou Patrick Timsit, pendant ce festival Juste pour Rire à Montréal. À son retour, et après quelques jours de vacances dans le Sud de la France (à Juan-Les Pins, où toute la famille Smadja se réunit depuis toujours dans l'appartement des grands-parents maternels), Kev doit affronter l'évidence : le spectacle a pris le dessus sur les études. Certes, il s'est inscrit consciencieusement à l'université de droit de Paris X-Nanterre. À la fois pour faire plaisir à ses parents, mais aussi pour se rassurer lui-même. Et si tout s'arrêtait du jour au lendemain ? Et si l'espoir du stand-up Kev Adams était contraint de remettre l'habit de l'étudiant Kevin Smadja en cas de désaffection du public ? Car les spectateurs sont des êtres versatiles, pouvant brûler rapidement ce qu'ils ont adoré. Depuis le milieu des années 1990, beaucoup d'humoristes ont émergé mais seuls quelques-uns se sont maintenus au sommet comme Gad Elmaleh, Jamel Debbouze, Élie Semoun, Muriel Robin, Chevallier et Laspalès, Pierre Palmade, Jean-Marie Bigard, Éric et Ramzy ou Patrick Timsit. Avec des hauts et des bas pour la plupart d'entre eux (hormis pour la superstar Elmaleh), des séparations scéniques (Éric et Ramzy) ou des carrières réorientées vers le théâtre de boulevard (comme Chevallier et Laspalès). « *Lancer un comique, c'est lancer un produit. Il faut investir beaucoup d'argent dans le développement d'un artiste, pour faire éventuellement des bénéfices quelques années plus tard* », remarque Jean-Marc Dumontet, producteur heureux d'artistes comme Nicolas Canteloup, Alex

Lutz ou Bérengère Krief et propriétaire de quatre théâtres à Paris (le théâtre Antoine en association avec Laurent Ruquier, Bobino, le Point Virgule et le Grand Point Virgule).

Pourtant, la tornade du succès semble emporter le jeune bachelier vers le chemin qu'il veut suivre : celui de la comédie à 100 %. Soutenu par sa marraine, Anne Roumanoff, et repéré par Jean-Yves Robin, le puissant et très actif patron de Robin & Co (producteur, entre autres, des séries TV *Caméra Café, Kaamelott* et, plus tard, de *Soda*), le comique des ados n'a pas trop le temps de gamberger puisqu'il fait partie des nombreux invités de la grande soirée « Rire ensemble contre le racisme », à l'initiative des associations SOS Racisme et l'Union des étudiants juifs de France. Retransmis en direct à 20 h 40 sur France 2, le 5 septembre 2009, ce show est coprésenté par Anne Roumanoff et Michel Boujenah. Ce soir-là devant les 2 200 spectateurs de l'Olympia et quelques millions de téléspectateurs, une pléiade d'humoristes vient jouer un sketch et aussi exprimer son refus du racisme et de l'antisémitisme : Élie Semoun, Anthony Kavanagh, Pascal Légitimus, François-Xavier Demaison, Virginie Hocq, Thomas NGijol (issu du Jamel Comedy Club), Booder, Phil Darwin, l'imitateur Michaël Gregorio (protégé de Laurent Ruquier) et le « petit jeune » de la troupe, Kev Adams. Une fois encore, Kev emporte l'adhésion du public. Jean-Yves Robin ne regrette pas d'avoir fait signer dans son écurie ce prodige de dix-huit ans. Depuis quelques semaines, Kev Adams travaille sur l'écriture de son premier spectacle, en compagnie de deux jeunes auteurs, déjà réputés dans le monde de l'humour, Mickaël Quiroga et Edouard Pluvieux. Pour mettre toutes les chances du côté de Kev, l'équipe de Robin & Co a aussi recruté le comédien Serge Hazanavicius pour assurer la mise en scène de ce show. Il a été à l'affiche de plusieurs comédies savoureuses comme *Mes amis, Delphine 1- Yvan 0, Didier, Les gens en maillot de bain ne sont pas (forcément) superficiels, Envoyés très spéciaux* ou encore *OSS 117 : Rio ne répond plus*, réalisé par son frère Michel. Mais aussi de longs métrages plus sérieux comme *Il y a longtemps que je t'aime*, *Une affaire d'État* et *Un baiser papillon*, ou de pièces de théâtre signées Tchekhov, Herb Gardner ou Yasmina Reza. Il a également mis en scène deux spectacles, au théâtre de l'Atelier en 2003 et au Petit Théâtre de Paris en 2008. C'est donc un professionnel aguerri et respecté dans le milieu qui accepte de travailler avec ce gosse de dix-huit ans à peine : « *Quand j'ai vu Kev sur scène pour la première fois, j'ai vu un gamin de dix-sept, dix-huit ans, qui pourrait être mon fils, mon neveu (j'en avais quarante-six), mais un gamin avec un sens du plateau, du rythme et de la scène comme jamais à son âge. Ce jour-là, j'étais avec ma grande fille qui le regardait avec ses grands yeux de pré-ado, comme si, sur scène, il me disait à moi, son père, tout ce qu'elle voulait que je sache sur sa vie, et elle riait, riait, d'un rire que je ne lui connaissais pas. Et puis quand j'ai rencontré Kev, j'ai vu un artiste plein de talent, d'avenir et de promesses, de doutes et de certitudes… Et donc quand il m'a proposé de l'accompagner dans l'aventure de son premier spectacle, j'ai foncé, sans réfléchir (comme d'habitude en fait), j'ai foncé pour son talent, foncé aussi pour essayer de faire plaisir à ma fille et toutes ses copines, mais surtout pour tout ce que nous allions nous apporter l'un à l'autre en tant qu'artiste, d'égal à égal, avec un petit "crétin" surdoué de dix-sept ans et demi* », explique Serge Hazanavicius quelques jours avant le premier one-man-show en vedette de Kev Adams à l'Olympia en juin 2012.

En attendant, Mister Kev prépare son premier grand rendez-vous avec la scène, la presse et le public, fixé au 1er octobre 2009. Le lieu : le théâtre du Temple au 18, rue du Faubourg-du-Temple. Le titre : *The Young Man Show*. La durée : presqu'une heure. Pour le lancement du spectacle, une accroche publicitaire est imaginée par toute l'équipe de Robin & Co, avec Kev et ses coauteurs, Mickaël Quiroga et Edouard Pluvieux : « *C'est le spectacle qui va vous faire aimer les ados ! Si Kev Adams avait été un adulte, il vous aurait parlé des ados comme on en parle aujourd'hui : avec une expérience d'adulte, une vision d'adulte, un cœur d'adulte. Si Kev Adams avait été un adulte, ce ne serait pas Kev Adams. Parce que Kev est un ado. Un vrai. Dix-sept ans et une aisance hors du commun, Kev vous fait comprendre, apprendre, vivre ou revivre l'adolescence, mais surtout en rire. Il est le meilleur copain, l'amoureux du lycée, le neveu préféré, le petit-fils idéal : on a tous une raison d'aimer Kev Adams !* » Le soir de la première, le 1er octobre 2009, toute la famille Smadja, les potes de Neuilly-sur-Seine et des professionnels du show business assistent sans le savoir à un évènement : la naissance d'une véritable superstar de l'humour made in France.

III

THE YOUNG MAN SHOW

D'abord programmé du jeudi au dimanche soir chaque semaine, le spectacle *The Young Man Show* tient finalement l'affiche tous les soirs. Une très bonne affaire pour les responsables du théâtre du Temple (devenu aujourd'hui l'Appolo Théâtre) qui remplissent leur salle, et une formidable expérience pour Kev Adams. Même s'il essaie encore de concilier son one-man-show et ses études de droit à la faculté de Nanterre, le feu sacré des planches l'allume plus que jamais. D'autant que les premières critiques dans la presse sont dithyrambiques : « *Jeune, doué et culotté* » pour *Le Monde* ; « *Un surdoué déjà très professionnel* » titre *Le Nouvel Observateur* ; « *Une aisance bluffante* » note *Le Parisien* ou « *Le petit prodige du comique* » selon *Madame Figaro*. Peu d'artistes de cette génération, et en plus dans ce domaine très particulier de l'humour, ont accumulé autant d'éloges aussi rapidement. Avec des sketchs comme *L'Ado*, *Le Prof d'allemand* psychopathe, *Le Caleçon* qui sort du pantalon, *L'Emploi du temps* collé sur le frigidaire de sa mère ou *Le Prof d'espagnol* aux tendances pédophiles, Kev casse la baraque. Parce qu'il ose, le premier, explorer la planète « Ado » et tout ce que cela entraîne au niveau des relations parents-enfants et enseignants-élèves, mais aussi de la puberté, des premiers émois amoureux ou des différences entre les générations. Kev aborde aussi les nouvelles technologies, l'alimentation, la mode vestimentaire, le langage et les programmes de télévision.

Lors de ses prestations au théâtre du Temple, le petit prince du stand-up se métamorphose en roi Kev grâce à quelques répliques que ses fans adorent : « *Ce que vous appelez la crise d'ado, nous on appelle ça, la crise de la quarantaine !* » Ou encore la vanne sur Facebook : « *Oussama Ben Laden a rejoint le groupe : "Je porte une robe et j'ai de la barbe, mais je ne suis pas Bernadette Chirac"* ». Peu à peu, l'immense « armée » de fans et d'aficionados se met en ordre de marche. Moulé dans un T-shirt noir et un jean, chaussé de baskets, Kev Adams entraîne déjà son public là où il veut. Il bouge, saute ou esquisse des pas de danse. Déjà, certains connaissent les répliques par cœur. « *C'est mon frère de treize ans qui l'a découvert sur Internet où Kev avait posté quelques-uns de ses premiers sketchs*, se souvient Alice, aujourd'hui âgée de dix-sept ans. *C'était juste avant* The Young Man Show. *Il est génial, il se moque de nous et on sent qu'il a vécu les mêmes choses que nous. Et en plus, il est beau !* »

Pourtant, la partie n'était pas gagnée d'avance, ainsi que l'écrivait dans le guide des spectacles *Pariscope* la journaliste Marie Plantin au début des représentations du théâtre du Temple, en octobre 2009 : « *Au début, on n'y croit pas trop, on se dit que ce petit jeune de dix-sept ans* [il en avait dix-huit en réalité], *balancé sur scène pour un one-man-show baptisé* The Young Man Show, *c'est un bon gros coup marketing. Et puis, on change d'avis en cours de route parce que Kev Adams prouve qu'il n'est pas qu'un simple phénomène de foire. Parce que s'il a encore l'âge de nos ados ingrats, ce p'tit gars au visage encore poupin a le comique dans la peau et le culot d'en faire son boulot. Alors, star éphémère ou découverte à suivre ?...* » Géraldine, une fan de la première heure, se souvient qu'elle avait à peine treize ans lorsqu'elle assista à *The Young Man Show* au mois de novembre 2009 : « *Avec ma cousine de quatorze ans, nous avions été invitées par mon père, parce qu'on n'arrêtait pas de regarder en boucle sur Internet les premiers sketchs de Kev.*

Lors du spectacle au théâtre du Temple, on a ri du début à la fin. Il nous comprenait et nous décrivait si bien. Même mon père se marrait ! On a été le voir quatre fois de suite et depuis 2009, cela ne s'est pas arrêté. Avec Kev, il y a toujours des choses qui évoluent, des improvisations. Chaque représentation est unique. C'était la même chose à son dernier spectacle Voilà Voilà *que j'ai vu trois fois !* »

La relation exceptionnelle entre Kev et ses admirateurs (et beaucoup d'admiratrices, aussi), commencée avec *The Young Man Show*, se consolidera au fil des années. À la fois respectueux de ce jeune public qui se déplace pour l'applaudir et, aussi, en vrai professionnel, conscient que les vedettes les plus populaires ont toujours duré en établissant un lien direct, quasi familial avec leurs fans, Kev Adams ne se ménage pas à la fin de son one-man-show. Pendant trente minutes, un peu plus si nécessaire, il signe ses premiers et nombreux autographes. Il prend la pose pour des photos chaleureuses et amicales avec les spectateurs. Autant de moments uniques, de souvenirs inoubliables, d'anecdotes savoureuses à raconter aux copains et copines du collège ou du lycée le lendemain ! Il discute avec ces gens de sa génération, souvent plus jeunes que lui, vanne, les fait marrer ou se moque de lui-même, provoquant de nouveaux rires chez ces ados qui ont trouvé en Kev leur porte-parole générationnel. Un pote, un frère, un « mec trop mignon et trop marrant » avec qui ces jeunes demoiselles pourraient flirter si affinités ! Toujours sous l'œil de Nathalie, une vraie mère juive qui veille sur son fils « comme sur la prunelle de ses yeux ». Parfois sujet à des petites crises d'asthme, Kev Adams ne doit pas prendre froid ou se retrouver dans des endroits enfumés. Nathalie Smadja s'investit donc à 100 % dans sa nouvelle mission de comanager, aux côtés de la très professionnelle Élisa Soussan et de l'équipe de Robin & Co. Toujours là pour le prendre dans ses bras et l'encourager avant de monter sur les planches. Toujours présente pour lui apporter son chocolat, son pêché mignon. Souvent prête à lui donner son avis sur telle blague ou telle attitude. À la fois maman adorée, pilier indéfectible et source d'inspiration. Comme s'en souvient Marie Plantin, auteur d'une des premières critiques dans la presse sur *The Young Man Show*, tout n'était pas parfait dans ce premier one-man-show de Kev : « *Les premiers sketchs de son spectacle m'avaient laissé un peu perplexe. Kev Adams en faisait des kilos pour nous accrocher, et nous, les journalistes plus âgés que lui et un peu vite blasés, on se disait qu'on avait passé l'âge de l'acné et des heures de colle. Et puis, au bout de quinze minutes, il a trouvé son créneau comique et sa vitesse de croisière. Avec ses cibles comme les profs du lycée, les potes, les petites copines, son père et surtout, sa mère ! Avec elle, il s'en sortait très bien. Si ces portraits de professeurs étaient parfois trop caricaturaux pour nous faire complètement adhérer, c'était le personnage de sa maman que l'on trouvait hilarant. Cette mère complètement larguée avec ce spécimen d'ado dans la maison, c'était vraiment très drôle, même pour les spectateurs de trente, trente-cinq ans comme moi, à l'époque. Et quand il se lançait dans une imitation dans le genre comédie musicale d'un ado made in USA, cela swinguait un max et toute la salle y croyait avec lui.* »

Dans cette petite salle du théâtre du Temple, une personnalité très importante du paysage audiovisuel va venir l'applaudir. Au mois de novembre 2009, Jean-Yves Robin a la bonne idée d'inviter son principal client, en la personne de Nicolas de Tavernost, le puissant PDG du groupe M6. Le patron de Robin & Co fournit à la chaîne de *Loft Story* et *Capital* l'un de ses plus gros succès d'audience avec *Kaamelott*, un programme humoristique lancé sur M6 en 2005, et que Robin a coécrit avec l'acteur-réalisateur Alexandre Astier et le producteur et auteur Alain Kappauf. En 2001, Jean-Yves Robin lui avait déjà vendu un autre concept qui récolta des taux d'audience exceptionnels jusqu'en 2003 :

Caméra Café, avec Bruno Solo et Yvan Le Bolloc'h. Bref, Nicolas de Tavernost fait confiance à ce producteur malin qui semble connaître les recettes du succès et quand Robin lui dit : « *Je produis un nouveau talent en qui je crois beaucoup. Je suis sûr qu'on pourra faire des choses avec lui sur M6, viens t'en rendre compte toi-même au théâtre du Temple* », de Tavernost ne se fait pas prier. Drôle de spectacle que de voir s'encanailler ce grand capitaine de l'industrie télévisuelle, plus habitué aux négociations financières et aux résultats d'exploitation qu'aux pitreries d'un gamin fut-il doué ! « *Nicolas de Tavernost a tout de suite vu que cela fonctionnait et a pris conscience du potentiel de Kev. Et nous lui avons très vite proposé de créer une nouvelle série télévisée construite autour du personnage de Kev Adams. Ce qu'il a accepté sans beaucoup hésiter et avec le succès que l'on sait*[1] », explique Jean-Yves Robin.

Dès les premières semaines de *The Young Man Show* en novembre 2009, l'idée de *Soda* voit donc le jour ! Elle arrivera sur l'antenne de W9, l'une des filiales du groupe M6, en 2011.

Mais, pour l'instant, Kev n'en est pas encore là. *The Young Man Show* se poursuit jusqu'au mois de février 2010 et devant le succès grandissant, il doit quitter le théâtre du Temple. Direction une salle encore plus grande et prestigieuse, rue du Faubourg-du-Temple : le Palais des glaces, que Jean-Pierre Bigard, frère de l'humoriste Jean-Marie Bigard, a acheté en 2002 à Jimmy Lévy, l'un des plus grands producteurs de spectacles d'humour qui transforma le lieu en véritable temple du one-man-show. Ce théâtre, devenu un passage obligé pour tous les aspirants du régiment des comiques, a été consacré par de nombreuses vedettes dans les années 1990 : Jango Edwards, les Vamps, Pierre Palmade, Jean-Marie Bigard, Chevallier et Laspalès, Patrick Timsit, Élie et Dieudonné, Éric et Ramzy, Marc Jolivet, Patrick Bosso et Gad

1. *Le Figaro*, 29 décembre 2014.

Elmaleh, l'idole, le modèle, le grand frère spirituel de Kev Adams, qui y donna un spectacle en 1996. Kevin Smadja n'avait que cinq ans… Pour ce show qui doit le faire passer à la vitesse supérieure et qui démarre le 6 mars 2010, Kev a rallongé son stand-up de trente minutes. Face aux 500 spectateurs du Palais des glaces, qui se pressent à 19 heures du mardi au samedi, l'humoriste creuse son sillon avec son personnage de l'ado qui raconte sa vie d'ado. Celle de ses fans. Toujours inscrit comme étudiant en première année de droit à l'université de Nanterre, où son planning d'artiste ne lui permet guère d'aller, Kev jongle entre répétitions, séances photos, écriture de ses sketchs et interviews pour les médias, de plus en plus demandeurs. Au site *trucsdenana.com*, il rappelle les thèmes de son one-man-show tout en songeant déjà au futur : « *Les filles, les profs, ma mère, l'école, l'adolescence. Maintenant, il dure 1 h 20, j'ai écrit pas mal de nouvelles blagues sur d'autres sujets. Comme sur le karaoké, la première carte bleue que j'ai eue dans ma vie, Facebook et les vieux, les boîtes de cornflakes. Je pense que ça va le faire ! Mais je suis déjà en train de réfléchir à la suite. À mes yeux, ce premier spectacle est prêt, pas loin d'être abouti, je vais le jouer pendant deux ans jusqu'à sa captation en DVD. Mais c'est vrai que je réfléchis beaucoup déjà à mon deuxième spectacle. Je veux qu'il soit radicalement différent du premier et que ce soit un truc de "ouf", mais je préfère ne rien dire pour le moment.* » Pour que son jeune public puisse assister à *The Young Man Show*, le prix des places est resté accessible : entre quatorze et dix-neuf euros. Autant dire qu'à cette époque, Kev ne gagne pas beaucoup d'argent. Contrairement à aujourd'hui, même si le prodige de l'humour ne se soucie pas vraiment des questions financières : « *Les sous, je m'y intéresse peu, car je ne veux pas que mes choix soient influencés par l'argent. C'est ma mère qui gère les entrées et les sorties d'argent. Je sais que je gagne bien ma vie mais contrairement à ce que l'on pense, je suis loin d'être millionnaire. À part ça, je préfère ne pas savoir combien je gagne parce que le jour où je le saurai, bizarrement, cela va me donner un objectif. Je devrai faire en sorte de ne surtout pas gagner moins. Mais il n'y a pas honte à le dire, les gens le savent que l'on est très bien payé dans ce métier.* »

Pour la promotion de *The Young Man Show*, l'équipe de Robin & Co (coproducteur du show, en tandem avec la société Larry Banbell) a signé un accord de partenariat avec la chaîne M6 et la radio Skyrock, les principaux partenaires médias, sans oublier le réseau M6 Mobile et la Fnac aussi associés au spectacle. Outre les spots sur Skyrock et les bandes-annonces sur M6, des petites affiches publicitaires de *The Young Man Show* ont été placardées sur les célèbres colonnes Morris à Paris et dans des endroits proches des lycées, des collèges ou de lieux fréquentés par les adolescents. Une stratégie marketing visant à concrétiser tous les espoirs placés en Kev Adams, et rentabiliser l'investissement de la production. On sait qu'il faut entre 150 000 et 300 000 euros pour lancer la carrière d'un artiste dans le secteur de l'humour. Les dépenses restent entièrement à la charge des producteurs qui doivent payer leurs humoristes. Comme le précise le journaliste du *Parisien*, Lucas Bretonnier, « *au regard de la loi, ces humoristes sont des salariés. Leurs patrons leur versent une rémunération prévue dans leur contrat à durée déterminée (quatre ou cinq ans, le temps d'amorcer une carrière). Le cachet peut aller du minimum syndical, soit 92 euros bruts pour une prestation d'une heure, à 1 500 euros, en passant par 500 ou 700 euros pour des comédiens de la trempe d'Arnaud Ducret, dont les téléspectateurs savourent les délires tous les soirs sur France 2 dans le programme court humoristique,* Parents mode d'emploi. *Très souvent, ces apprentis amuseurs perçoivent également entre 30 et 50 % des bénéfices des spectacles. Soit zéro euro les premières années, car les one-man-shows ne sont pas rentables avant deux ou trois ans.* » En plus des salaires de l'humoriste et des techniciens, les producteurs doivent payer les frais publicitaires, les attachés de presse et la location de la salle qui coûte cher. Voilà pourquoi des personnalités de l'humour comme Jamel ou Jean-Marc Dumontet ont carrément acheté leurs théâtres (le Comedy Club pour Jamel, sur les Grands Boulevards, et le théâtre Antoine, Bobino, le Point Virgule et le Grand Point Virgule pour Dumontet). Avec Kev Adams, le phénomène est si fulgurant que les productions Robin & Co se frottent les mains. Les fans viennent et reviennent au Palais des glaces, en amenant d'autres amis ou des membres de leurs familles. Le bouche-à-oreille fonctionne à merveille. Pour Éva, une spectatrice de quatorze ans à l'époque, le constat est clair et net : « *C'était un spectacle tout simplement génial ! Du rire assuré du début à la fin. En plus de ça, il y avait une véritable interactivité avec le public, ce qui rendait le spectacle encore plus amusant et plus convivial. Toutes les tranches d'âges étaient présentes et rigolaient de la même façon. On avait passé une très bonne soirée !* » Un sentiment partagé par Émilie, quinze ans, venue des Ulis pour applaudir le Kev : « *J'ai vu* The Young Man Show *et je n'ai jamais autant ri. Il est trop marrant ! Kev, ce n'est pas qu'un artiste, il est vraiment présent pour son public.* »

Pour muscler les textes dont Kev Adams a écrit 70 %, la « Robin Team » fait appel à un jeune comédien, auteur et animateur de radio, qui va vite devenir l'un des meilleurs amis de l'artiste : John Eledjam. Ancien élève du cours Florent et lui-même interprète de son one-man-show, il apporte à Kev un grain de folie supplémentaire. « *John a ramené tout ce qu'il y a de loufoque dans* The Young Man Show. *Dès qu'une vanne semble complètement barrée, c'est sûr qu'elle vient de lui* », a confié le héros des *Profs* et de *Fiston*. Elejdman, son aîné de huit ans, fera ensuite régulièrement les premières parties du spectacle de Kev. Mickaël Quiroga et Edouard Pluvieux apportent aussi leur folie à l'écriture des sketchs, comme ils l'avaient déjà fait pour les premières représentations au théâtre du Temple. « *Mickaël Quiroga, c'est un grand dans le métier, il m'a apporté sa touche de "sniper" pour certaines vannes. Et grâce à mon metteur en scène, Serge Hazanavicius, je suis plus précis. Je pense d'ailleurs que mon vrai mentor dans la profession, c'est lui. On a déjà eu plein de grands moments ensemble, c'est un gars qui a de la bouteille comme on dit. J'apprends de lui chaque jour. Et vu qu'il reste un enfant dans sa tête, c'est très agréable de travailler avec lui* », avouait Kev lors de la promotion de *The Young Man Show* au Palais des glaces. Leurs origines juives communes (même si Kevin Smadja appartient à la branche séfarade, tandis que les Hazanavicius, ashkénazes, viennent d'Europe de l'Est) les ont beaucoup rapprochés. Durant cette époque du Palais des glaces où il donna une multitude d'interviews à la presse écrite et aux sites Internet, Kev évoque, pour la première fois, son rapport au judaïsme et à Israël dans le journal *Actualité Juive*. Une identité qui fait totalement partie de son ADN, ainsi qu'il le confie à l'époque au journaliste Raphaël Kenzey : « *Mon judaïsme, c'est plutôt une fierté. Quelque chose de très ancrée en moi. Mais je pense que ça m'enfermerait de dire : "Salut, je suis Juif", dans mon spectacle. En plus, ça fait partie de mon intimité, et j'ai aussi envie de garder certaines choses pour moi, surtout quand elles sont aussi importantes. Maintenant, c'est vrai que c'est une religion où l'on fait toujours la fête, et ça aide peut-être à faire l'idiot. Mais ce n'est pas pour autant que tous les Juifs vont finir humoristes !* » On connaissait la puissance des comiques juifs new-yorkais comme Woody Allen, Jerry Seinfeld, Ben Stiller, Jon Stewart, Jerry Lewis, Andy Kaufman ou Lenny Bruce pour ne citer que les plus fameux. Force est de constater que Kev Adams a désormais rejoint le groupe des comiques juifs séfarades où l'on retrouve Michel Boujenah, Gad Elmaleh, Patrick Timsit, Élie Semoun, Arthur, Tomer Sisley, Ary Abittan ou Cyril Hanouna qui tenta, lui aussi, l'aventure du one-man-show au théâtre de Trévise en 2005. Et lorsque dans le même entretien, Kev est interrogé sur Israël, son lien à l'État hébreu jaillit spontanément : « *Je suis très attaché à ce pays, à ce qui s'y passe. J'y vais très souvent, et j'ai très envie de faire un spectacle là-bas un jour. D'ailleurs, j'ai reçu des messages incroyables provenant de bases de Tsahal [l'armée israélienne], dans lesquels on me disait qu'on avait vu mes sketchs, et que ça avait été vingt minutes de bonheur dans des vies dures et lourdes au quotidien. Cela m'a beaucoup touché. J'espère vraiment pouvoir jouer en Israël, mais j'attends d'abord de trouver quelqu'un qui sache organiser ça bien. Parce que si je le fais, je veux le faire bien.* » Même s'il n'a pas encore réalisé complètement le rêve, Kev a déjà vécu une belle expérience en Terre sainte : le 8 août 2013, devant 6 000 personnes, il était en effet l'invité de Patrick Bruel, en concert ce soir-là au parc des Expositions de Tel Aviv. Pour chanter avec lui, mais à la sauce humoristique de Kev, le célèbre tube bruelien, *J'te l'dis quand même*. Bruel et le public de Tel Aviv furent bluffés par la drôlerie et la maestria du jeune « feuj » de Neuilly-sur-Seine, reçu avec mention très bien à la grande école des humoristes made in France.

Au Palais des glaces, Kev Adams fait salle comble chaque soir. Devant cette tornade de succès et la demande énorme du public, Jean-Pierre Bigard lui propose de reprendre *The Young Man Show* à la rentrée de septembre 2010. Ce que la nouvelle coqueluche des jeunes et ses producteurs acceptent avec enthousiasme. Avant de partir en vacances en Grèce au mois d'août, Kev prend la décision d'interrompre ses études de droit : « *J'aurais dû refaire ma première année de droit, mais finalement, je vais arrêter les cours. Je vais peut-être reprendre des cours de théâtre à la place. De toute façon, ça me gavait les cours, ça devient reulou quand tu commences à faire de la télé… Donc, je pense que c'est mieux d'arrêter !* » expliquait-il juste avant la reprise de son one-man-show au Palais des glaces, programmée le 2 septembre 2010. Invité dans quelques émissions de télé depuis les premiers mois de 2010, en raison du triomphe de son spectacle, il va soudainement être propulsé encore plus haut. Son attaché de presse Julien Saunier, qui lui est resté fidèle depuis ses débuts, l'informe que France 2 s'apprête à lancer pour le mois de septembre un nouveau programme, confié à Laurent Ruquier. Un divertissement totalement consacré à l'humour et aux nouveaux comiques. Son titre : *On n'demande qu'à en rire.*

IV

DU CÔTÉ DE CHEZ RUQUIER

« *Ça a été magique ! Un rêve du début à la fin ! J'ai joué durant quinze minutes devant 4 000 personnes, j'ai parlé pendant une heure avec Gad qui a adoré ce que j'ai fait. Après, j'ai regardé son spectacle et on a encore parlé ensuite ! Ça a été vraiment génial et c'est un rêve de gamin qui s'est réalisé !!* » Ce post de Kev Adams, mis en ligne sur sa page Facebook le 2 mai 2010, exprime l'aboutissement d'un de ses objectifs : être sur la même scène que son idole, Gad Elmaleh. C'est après l'avoir vu, aussi bien au Palais des glaces que lors de ce quart d'heure face au public de l'interprète de *Coco*, qu'un des membres de l'équipe de Laurent Ruquier le recommande à Catherine Barma, la coproductrice des shows TV du célèbre présentateur au rictus inimitable. Celui-ci doit animer à la rentrée du mois de septembre une nouvelle émission quotidienne, en direct une fois par semaine, *On n'demande qu'à en rire*, dont le concept est novateur : un jury est chargé de noter des nouveaux comiques qui viennent tenter leur chance face à un public. Parmi les principaux « examinateurs », on compte des artistes tels que Jean Benguigui, Jean-Marie Bigard, Éric Métayer, Raphaël Mezrahi, Michèle Bernier, Isabelle Mergault ou Virginie Lemoine, des metteurs en scène de théâtre comme Jean-Luc Moreau et Alain Sachs, le cinéaste Patrice Leconte, les animateurs Philippe Gildas et Christine Bravo et la productrice Catherine Barma. Pour n'importe quel débutant et même pour un humoriste un peu plus expérimenté comme Kev Adams, voilà une belle occasion de rencontrer le grand public avec cette vitrine offerte par France 2 à 18 heures, une heure de grande écoute, qu'on appelle l'access prime time dans le jargon audiovisuel. Mais Kev a beaucoup hésité avant de se lancer dans le bain, comme il l'avoue dans *La Parenthèse inattendue* sur France 2 : « *Au début, je n'étais pas chaud du tout pour y participer. Je me disais : attends, pourquoi on va me noter, cela fait deux ans que je fais de la scène, je n'ai pas besoin de ça, je suis qui pour qu'on me note ! Et puis, un soir, un de mes meilleurs amis m'a pris à part et m'a conseillé : "Kev, tu n'es personne ! Tu es même le mec le plus sensé, le plus logique qu'on peut noter. Mec, tu n'as que dix-neuf ans, tu sors de l'école, les notes, tu les avais hier, qu'est-ce que tu en as à faire de les avoir de nouveau demain ?" Cela m'a marqué, je me souviendrai toute ma vie de ces phrases… Je réfléchis, je gamberge, je me dis qu'après tout, lorsque je me récoltais un 4/20 au lycée, cela ne m'empêchait pas de vivre ! Finalement, j'y suis donc allé, mais en étant certain qu'avec mes spectacles au théâtre du Temple et au Palais des glaces, j'allais dominer facilement les autres candidats.* » Si *On n'demande qu'à en rire* démarre le 6 septembre 2010, la première participation de Kev Adams dans ce programme a lieu le 15 septembre. Avec le sketch, *L'étudiant logé dans un conteneur*, Kev pense qu'il va surpasser ses concurrents et éblouir le jury et les téléspectateurs, à qui on demande aussi de voter. Selon le principe de l'émission, il faut au minimum 60 points pour revenir la semaine suivante. Chaque sketch doit être écrit par l'artiste, en fonction d'un thème d'actualité choisi parmi toute une liste de sujets quelques jours avant l'enregistrement du show. Lorsque les comédiens passent le cap des dix passages, on les appelle les « pensionnaires », et comme le révèle l'hebdomadaire *Télé Loisirs*, ces habitués perçoivent 250 à 300 euros par prestation contre 150 euros pour les autres.

Kev Adams passe de très peu à côté de l'élimination directe le 15 septembre avec 62 points. Les jurés (Christine Bravo, Raphaël Mezrahi et l'acteur Christian Vadim, fils de Catherine Deneuve et du réalisateur Roger Vadim) ont moyennement apprécié, même s'ils reconnaissent à Kev un vrai sens du spectacle. Ce soir-là, le gamin de Neuilly-sur-Seine fait face aux Lascars Gays, à Frédéric Adler et Nicolas Schegerin. Avec le recul, on sait lequel des quatre postulants a accompli une trajectoire spectaculaire. Grâce au soutien des internautes, Kev Adams a franchi la première étape. Très vite, la communauté des fans de Kev porte ses suffrages sur lui, en particulier les votants de Facebook, de plus en plus nombreux. Un réseau social auquel Kev doit beaucoup et qui lui a inspiré un des sketchs les plus populaires de son premier one-man-show. En particulier ce passage où il se moque gentiment des adultes et des seniors face à la pieuvre tentaculaire et mondiale créée par Mark Zuckerberg : « *Est-ce qu'y a réellement des vieux sur Facebook ? Pas des vieux comme vous, Madame, des vrais vieux, tu sais le genre de vieux qui a plus de cheveux dans les oreilles que sur la tête… Du vieux de compèt' quoi ! Est-ce qu'il y a des profils, des albums, des groupes de vieux ? Est-ce qu'on peut vraiment trouver des profils genre : Jean-Claude is Nouvelle prothèse auditive ! Gisèle is now fan of Pompes funèbres générales ! René a rejoint le groupe "J'ai Alzheimer, j'ai rejoint ce groupe, je ne m'en rappelle déjà plus"… Ou aussi, Marguerite attending le concert de Frank Michael à l'Olympia ! Claudine a rejoint le groupe "Mon activité préférée, c'est le marché" ! Jean-Claude a rejoint le groupe "La prostate, ça m'éclate" ! Et encore, Marguerite a rejoint le groupe "Veuve et coquine", un groupe pour les femmes mûres où on trouve toutes sortes de choses… Ginette partage avec vous son album photo Ablation de la rate en 2009 !* »

Durant cette période *Ondar* (le nom abrégé d'*On n'demande qu'à en rire*, utilisé entre eux par tous les comiques de l'émission et qui sera ensuite repris par les téléspectateurs et la presse), Kev jongle avec le surbooking : l'enregistrement de *Ondar*, l'écriture des sketchs, son one-man-show au Palais des glaces, les interviews, les séances photos et la préparation de ce qui deviendra quelques mois plus tard la série TV favorite des ados, *Soda*. Sur *Ondar*, tourné au Moulin Rouge, Kev Adams croisera toute une génération d'humoristes qui ont fait, eux aussi, leur trou, de manière certes moins impressionnante, mais néanmoins indéniable. Quelques noms : Arnaud Tsamère (recordman du nombre de passages toutes saisons confondues, avec soixante-dix-huit participations), Jérémy Ferrari, Olivier de Benoist, Florent Peyre, les Lascars Gays, Shirley Souagnon, Garnier et Sentou ou Nicole Ferroni. Pour Kev, l'aventure *On n'demande qu'à en rire* durera jusqu'au 26 avril 2011, avec vingt-trois passages, dont trois en duo avec Olivier de Benoist. De semaine en semaine, il occupe l'espace avec la maestria qu'on lui connaissait déjà et obtient des scores de plus en plus exceptionnels. En septembre, il interprète les scènes *Vous passez le casting pour le nouveau James Bond* et *Laissez les ados dormir le matin*. Ses notes : 85 et 84/100. Le 1er octobre, Kev joue un extrait de son spectacle *The Young Man Show* dans une émission spéciale *Ondar*, en prime time sur France 2, qui réunit les autres candidats ayant obtenu au moins une fois 80 points. Olivier de Benoist, Shirley Souagnon, Alain Doucet et les Lascars Gays font partie de cette cuvée des « bons élèves » du mois. Avec ses sketchs *La mode du lissage des cheveux frisés*, *L'argent de poche : un jeu d'enfant*, *New York : la ville la plus chère du monde*, *Mes parents sont gays et alors ?* ou *Ras le bol des sushis !*, les jurés et les spectateurs le portent aux nues avec des scores entre 80 et 86 points au mois d'octobre.

Coqueluche de l'émission parce que plus jeune participant, Kev Adams ancre son personnage d'adolescent dans le paysage médiatique et s'impose comme l'un des piliers d'*On n'demande qu'à en rire*. Il enchaîne sur d'autres performances dont un mémorable duo avec Olivier de Benoist, *Le caricaturiste de la place du Tertre*, au mois de janvier 2011 qui récoltera un 19/20 des téléspectateurs. Ou un 87/100 grâce au sketch *Les Irlandaises font plus d'enfants que les Françaises* dans le *Ondar* du 16 février 2011. Laurent Ruquier apprécie ce jeune comédien, spontané et culotté, qui rêve de cinéma et exprime les joies, les tourments et les souhaits de sa génération. Il fera d'ailleurs appel à Kev dans son émission de radio l'après-midi sur Europe 1, *On va s'gêner* pendant quelques semaines au début de l'année 2011.

Tout en cumulant *On n'demande qu'à en rire* sur France 2, *The Young Man Show* au Palais des glaces qui ne désemplit pas, Europe 1 et les interviews, Kev Adams bosse beaucoup sur la co-écriture et la préparation de la série *Soda*, axée autour de sa personnalité et destinée à M6 pour l'été 2011. Avec ses scénaristes Cyril Cohen, David Soussan et Frank Bellocq, le comique traite de son sujet de prédilection : l'adolescence. Quelques semaines avant le début du tournage fixé au 1er juin 2011 dans les studios de Bry-sur-Marne, il estime que « *les ados ne sont pas insupportables. Moi, j'ai un frère de quinze ans et je crois que les ados sont dans une phase où ils se cherchent, où ils se posent des questions. Ce n'est pas évident pour tout le monde de trouver sa voie. Ce n'est pas évident pour tout le monde de savoir qui on est, ce qu'on veut dans la vie... Donc, voilà, je crois que c'est une période qui se respecte et qui est importante. Maintenant, évidemment les parents doivent cadrer tout ça. Mais de là à dire que les adolescents sont insupportables, je trouve ça erroné...* » Et comme un grand frère ou un superpote, il adresse ses conseils aux ados mal dans leur peau : « *Regardez-vous dans le miroir et essayez de trouver le truc beau chez vous. Et s'il n'y en a pas, essayez de vous dire que, mentalement, il y a quelques belles choses chez vous, accrochez-vous à ça. Quand j'étais petit, je me trouvais dégueulasse, j'avais des boutons partout et puis je regardais mes yeux, et je me disais : "Ouais, mais t'as de beaux yeux !" Et ça passait toujours. Voilà, il faut toujours voir le bon qu'il y a en nous, que ce soit physique ou mental et essayer de se défendre par rapport à ça. Si vous êtes gentil, mettez votre gentillesse en avant. Si vous êtes câlin, mettez vos câlins en avant. Si vous êtes drôle, mettez votre humour en avant. Et quoiqu'il arrive, on arrivera à déceler votre beauté derrière le physique, c'est sûr*[1] *!* »

Progressivement, Kev Adams prend de plus en plus de temps pour plancher sur *Soda*, produite par la société Robin & Co, au détriment de sa participation à *On n'demande qu'à en rire*. Le 21 février 2011, il reforme un tandem avec l'irrésistible Olivier de Benoist (devenu, lui aussi, l'une des valeurs sûres du nouvel humour français, mais dans un esprit à la Pierre Desproges, et plus mature que Kev, ce descendant de la noblesse belge, marié et père de trois enfants, a quarante et un ans). Son sketch, *Je n'ai rien eu pour la Saint-Valentin*, a reçu la note de 18/20 de la part des téléspectateurs. « *On passait de bons moments avec Kev Adams sur* Ondar. *Et malgré notre différence de générations, de vécus et de styles artistiques, cela fonctionnait parfaitement durant ces quelques sketchs que nous avons joués ensemble. Laurent Ruquier, les jurés et le public adoraient nos prestations en duo, il y avait une surprenante alchimie entre Kev et moi* », se souvient Olivier de Benoist. Les deux irrésistibles pensionnaires d'*Ondar* seront associés, une ultime fois, dans *Choisir les chansons pour le mariage d'Albert*, avec la participation de Jérémy Ferrari, Babass et les duettistes Garnier et Sentou. Un numéro hilarant que les téléspectateurs plébisciteront avec un superbe 18/20. Nous sommes le 26 avril 2011 et il s'agira de la dernière participation à ce « Ruquier Show » dont Kev a toujours reconnu l'importance dans la suite de sa carrière : « *Cette émission a vraiment boosté ma notoriété et beaucoup de*

1. *The Young Man Show Book*, Éditions Milan, juin 2013.

personnes sont venues me voir au Palais des glaces après m'avoir découvert dans On n'demande qu'à en rire. *En plus, les sketchs de* Ondar *circulaient sur Internet, donc plein de jeunes m'ont aussi connu à travers ce programme. Cela m'a ouvert de très grandes portes, je n'oublie pas que cela a été un énorme tremplin aussi.* » Cyril Garnier, l'un des deux membres de l'irrésistible duo Garnier et Sentou qui signa quelques-unes des plus drôles pages de *Ondar* et qui sera en tournée en 2016 avec le spectacle *Garnier contre Sentou*, nous livre son témoignage sur cette expérience et ses souvenirs de Kev Adams : « *Cette émission, c'était quelque chose de merveilleux, une période très excitante car hyperstimulante. On travaillait comme des dingues, on sentait qu'on progressait semaine après semaine. Et puis, on découvrait les joies de la notoriété, dont la plus grande était de voir les théâtres se remplir un peu plus chaque soir. Kev avait toutes les qualités et les faiblesses du jeune "branleur" qu'il était à l'époque : fraîcheur, créativité, insolence, inexpérience, liberté… Je crois qu'il aurait pu être très agaçant mais il a toujours été hypersympathique, très bon camarade, on ne pouvait que l'apprécier. Je crois qu'il existait une forme de compétition entre comiques sur* Ondar, *mais c'était très sain. On avait tous envie de faire les meilleurs sketchs, de battre des records. Mais on ne pouvait qu'admirer ceux qui y arrivaient, et on était toujours félicités quand on y arrivait. On s'entraidait tous, tout le monde passait dans les loges des uns et des autres pour demander conseil sur une vanne, une chute, un mot. Comme on avait chacun notre style, personne ne marchait sur les plates-bandes des autres. Je comprends totalement l'incroyable succès de Kev. La première fois que je l'ai croisé, c'était à l'Olympia, on partageait la même scène avec Anne Roumanoff, je crois qu'il n'avait pas dix-huit ans. Il a fait un sketch qui n'avait rien de révolutionnaire, mais lui était brillant. C'était déjà une bête de scène, il avait de l'aisance et un capital sympathie immédiat. Depuis Coluche, les humoristes ont un peu le même statut que les stars de la musique et je crois qu'il nous manquait une "idole des jeunes" de l'humour. Et Kev Adams avait toutes les qualités pour prendre cette place. En tant que professionnel comme lui, je pense que les principales qualités de Kev sont sa fraîcheur et son instinct et il a les défauts qui vont avec, c'est-à-dire un manque de précision et de construction. J'ai conservé très peu de relations avec Kev, car nous n'avons jamais vraiment été très proches. Mais l'an dernier, nous avions partagé une scène en Suisse, avec Michel Boujenah et Kev, et j'ai vraiment eu plaisir à le revoir sur scène et à partager l'after-show avec lui...* »

Avec le projet *Soda* et la perspective d'une première tournée en province pour *The Young Man Show*, Kev Adams commence donc à s'éloigner du programme humoristique de France 2. Question de temps et aussi d'envie. « *Je trouvais que je n'avais plus rien à raconter et que je tournais en rond. Alors, j'ai annoncé à l'équipe de* Ondar *que j'allais arrêter avec eux. J'ai essayé de le faire avec le plus de tact possible pour que cela se passe bien, parce qu'ils m'avaient offert une très, très, belle opportunité* », raconte-t-il dans le magazine de Frédéric Lopez *La Parenthèse inattendue* sur France 2, au mois de janvier 2013. La coqueluche des adolescents fait part de sa décision au mois de mars 2011 à Catherine Barma, la productrice d'*On n'demande qu'à en rire* et associée de Laurent Ruquier. Elle n'apprécie pas du tout le choix de son poulain. Elle l'aurait même trouvé ingrat. « *Catherine n'a pas du tout compris qu'il nous quittait en plein milieu de la saison, alors qu'il devait beaucoup à cette émission* », confie un ancien collaborateur de Tout sur l'écran, la société de production de Catherine Barma. « *Elle l'a très mal pris, car avec le départ de Kev, on perdait l'un des meilleurs acteurs du show et aussi l'un des chouchous du public. Ce n'était pas très bon pour l'audience, et pas génial pour capter et conserver les jeunes téléspectateurs dont beaucoup se branchaient sur France 2 et* Ondar, *uniquement pour Kev Adams. Je me souviens que Catherine Barma avait été assez dure avec Kev quand elle a* *appris son départ, beaucoup plus que Ruquier en tous les cas, qui comprenait les raisons et les motivations de Kev. Pour Catherine, il avait un peu profité d'*On n'demande qu'à en rire *pour la promotion de son spectacle et nous plantait parce qu'il n'en avait plus besoin. Ce qui était faux et exagéré évidemment, comme souvent avec Barma.* » Longtemps, celle qui produit *On n'est pas couché* en voudra au jeune comique avant que leurs relations ne reviennent au beau fixe, puisqu'il sera par deux fois invité du talk-show du samedi soir de Laurent Ruquier : la première en juin 2012 et la seconde, au mois de novembre 2014.

Avec ses vingt-trois passages dans *On n'demande qu'à en rire* et son spectacle au Palais des glaces, Kev Adams commence à entrer dans le club des jeunes célébrités. Mais cette notoriété, décuplée grâce à *Ondar*, aurait plus perturbé ses amis que lui-même : « *C'est toujours bizarre pour eux parce que je crois qu'aujourd'hui encore, ils n'y sont pas vraiment habitués, et donc il y a toujours un truc un peu cheulou qui se passe. Mais bon, je crois qu'ils sont très heureux pour moi, ils savent que c'est un rêve que j'ai depuis que je suis tout petit, donc ils sont heureux de m'accompagner dans ce rêve. Mes amis n'ont pas changé depuis que je fais ce métier, j'ai toujours les mêmes amis, c'est mon cocon proche. De la même façon que ma famille n'a pas du tout changé de comportement avec moi depuis que je suis connu. Les gens les plus proches sont restés simples à mon égard* », a souligné Kev dans une interview en 2013. Au Palais des glaces, où il affiche complet, sa popularité saute aux yeux à la fin de chaque représentation : il se livre, avec un plaisir non dissimulé, à de longues séances d'autographes ou de photos, durant lesquelles les fans lui offrent des T-shirts, des fleurs, des confiseries, des peluches. Quant à ces demoiselles de quatorze-seize ans, elles arborent des sourires admiratifs et énamourés. Comme le dit Marine Agasse, une de ces jeunes spectatrices, « *Kev est très proche de nous, dans tous les sens du terme. Il nous rencontre souvent et je l'ai déjà vu à une séance d'autographes. J'étais extrêmement intimidée et je n'ai pas osé beaucoup lui parler. Je le regrette un peu aujourd'hui, mais j'en garde tout de même un super souvenir. On voit en lui quelqu'un d'accessible et, surtout, quelqu'un qui nous comprend, nous les ados !* » Une appréciation partagée par Manon Taxi, autre passionnée par l'univers et la personnalité de Kev Adams : « *Moi, je l'ai découvert lorsqu'il passait dans* On n'demande qu'à en rire *et je trouve qu'il est unique par son humour… et sa capillarité ! Il est drôle quand on le rencontre en vrai, parce qu'il entretient un vrai lien avec ses fans. Et il reste naturel, on le remarque dans les émissions de télévision ou de radio quand il est invité : il ne change pas par rapport à ses spectacles. Je l'ai vu sur scène et après, lors d'une dédicace. Ce genre de moments qui ne dure que quelques secondes, et juste après, on repense à tout ce qu'on aurait pu lui dire mais qu'on a oublié…* »

En même temps que la notoriété et le succès grandissant, Kev Adams a découvert, au fil des années, les rivalités dans le monde de l'humour ainsi qu'il le confiait à l'Agence France Presse au mois de décembre 2014 : « *L'humour est devenu la nouvelle chanson française. Les gens vont davantage voir de spectacles que de concerts. Alors, c'est le jeu de qui va écraser qui. Il y a un climat de tension et de concurrence assez malsain. Même les anciens comme Franck Dubosc et Gad Elmaleh vous le disent.* » Un avis que ne partage pas son ancien complice de *Ondar*, Arnaud Tsamere, même s'il le comprend : « *Kev navigue dans des sphères de l'humour que, pour l'instant, je ne connais pas. Il fait partie des rares artistes qui sont capables de remplir des Zénith. Il est forcément plus exposé. Moi, je ne me sens pas engagé dans une guerre des comiques trop forte. Mais c'est vrai que le créneau est hyperbouché. Il y a de la place pour tous ceux qui le méritent. Et puis la concurrence peut être saine.* » C'est peut-être pour se protéger que Kev a construit autour de lui une véritable bande d'amis. Il y a d'abord les plus proches, ceux de

Neuilly-sur-Seine, des virées adolescentes et du lycée Pasteur, comme le chanteur et acteur Marvin Dupré, mais aussi Dylan ou Benjamin : « *Mes seuls véritables amis, ce sont eux, que j'ai connus lorsque j'avais quatorze ans. Je n'ai pas de potes en dehors d'eux. C'est mon noyau dur. Ils sont d'une franchise totale avec moi. Ma notoriété, ils n'en ont rien à foutre. Elle les étonne parfois, mais on passe vite à autre chose. Ils me parlent de leur boulot, je leur parle de leurs études, je ne me mets jamais plus en valeur qu'eux. Tous les ans, nous prenons nos vacances ensemble. Le seul truc qui a changé, c'est que nous évitons désormais la France. Les demandes de photos et d'autographes, auxquelles je réponds toujours avec plaisir, ça les a trop saoulés…* » raconte-t-il à *Paris Match* à propos de ce quatuor de l'amitié, qui s'affiche volontiers sur les pages Facebook de l'humoriste.

On retrouve ensuite dans la galaxie du showman le noyau professionnel immédiat, dont les plus intimes sont évidemment Élisa Soussan, sa manager et indispensable associée, son metteur en scène Serge Hazanavicius, Julien Saunier, son indispensable attaché de presse, qui travaille pour l'une des plus importantes agences de relations publiques d'artistes, AS Communication où Kev peut croiser les autres stars dont la société défend les intérêts : Jean Dujardin, Jamel Debbouze, Franck Dubosc, Michaël Youn, Jean Reno, Christian Clavier, Gérard Darmon, Gilles Lellouche, Elsa Zylberstein, Alexandra Lamy, Jean-Paul Rouve ou le DJ Martin Solveig. Dans son entourage au quotidien, il ne faut pas oublier David Bigard, à la fois assistant personnel, chauffeur et garde du corps, Majid, qui filme toutes les coulisses de ses shows ou Anne-Marie, sa community manager, en charge de ses comptes Facebook et Twitter. Sans oublier ses deux coauteurs, Edouard Pluvieux et, surtout, John Eledjam qui fait désormais vraiment partie du cercle familial. Lui-même comédien (il interprète Uskur, l'hilarant patron du kebab Le Liberty's, dans la série *Soda*), il assure les premières parties des spectacles de Kev. Ils ont d'ailleurs créé ensemble avec Marvin Dupré une page Facebook intitulée, « Des amis pour la vie : Kev Adams, John Eledjam et Marvin Dupré », où le trio s'amuse avec des commentaires, des anecdotes, des photos-montages ou des odes à l'amitié.

Kev a besoin d'être entouré, encore plus depuis le succès de *The Young Man Show* et ses passages dans *On n'demande qu'à en rire*, qui l'ont propulsé là où il est aujourd'hui. « *Oui, j'ai une garde rapprochée, il en faut une quand on est un artiste exposé. C'est difficile de gérer ça tout seul* », avouait le héros de *Fiston* dans l'hebdomadaire *L'Obs* au mois de novembre 2014. Avec, au-dessus de tout ce beau monde, sa mère Nathalie ainsi que ses deux frères, Noam, bientôt vingt ans, et Lirone, qui a fêté ses neuf ans en 2015, qu'il regrette de ne pas voir plus souvent, trop happé par le triomphe de ses one-man-shows, de ses films au cinéma ou de sa série *Soda*. Lors de la promotion pour ses trois shows au Zénith de Paris les 26, 27 et 28 décembre 2014, le comique avait d'ailleurs reconnu qu'il n'accordait que trop peu de temps à sa famille et plus particulièrement au petit Lirone : « *Il y a un an, Lirone, que j'adore, m'a dit : "Tout le monde te voit, mais moi, je ne te vois jamais..." J'en ai pleuré, cela m'a fait beaucoup de peine, mais je ne pourrais pas vivre sans ce métier.* »

Un métier où Kev est devenu une valeur de plus en plus sûre, un artiste populaire qui vaut aujourd'hui de l'or. Avec un joli carnet d'adresses où ses relations se nomment Gad Elmaleh, Cyril Hanouna, Franck Dubosc, Tomer Sisley, Anne Roumanoff, Élie Semoun, Laurent Ruquier, Arthur ou Michel Boujenah. Mais aussi, les rappeurs La Fouine ou Black M, l'acteur Rayane Bensetti (vainqueur du concours « Danse avec les stars » avec qui Kev partage une vraie passion pour la danse) ou l'ex-miss France 2009, Malika Menard, qui considère Kev Adams « comme son meilleur pote ». Elle l'avait découvert au théâtre du Temple comme nombre de ses admirateurs. Et comme des centaines de milliers de fans, elle l'aimera encore plus après avoir découvert sa série télé, *Soda*, qui a débarqué sur l'antenne de M6 lors de l'été 2011. Un programme TV dont seul Mister Kev pouvait être le héros.

V

SODA, ÇA PÉTILLE !

Au début du mois de mai 2011 à Bry-sur-Marne, un vent souffle sur cette ville de la banlieue parisienne, régulièrement survolée par les avions des aéroports de Roissy ou d'Orly, et qui abrite des sociétés importantes du secteur audiovisuel français, comme l'INA (Institut national de l'audiovisuel), les studios de la SFP ou les plateaux d'Euromédia. C'est là que toute l'équipe de la mini-série *Soda* se retrouve pour le premier jour de tournage de ce programme, vendu par Calt à la chaîne M6. Jean-Yves Robin, le patron de la boîte de prod' Calt (filiale de Robin & Co) et l'un des producteurs de Kev Adams, a convaincu Nicolas de Tavernost, le PDG du groupe M6 du potentiel du jeune humoriste, qui cartonne au Palais des glaces. Pour remplacer durant l'été *Scènes de ménages*, l'un des succès d'audience de M6, une première série de 244 épisodes a été commandée, ciblant un public précis : les adolescents. Kev Adams, William Lebghil et Gaël Cottat incarnent respectivement Adam, Slim et Ludo, trois lycéens de dix-huit ans, qui conversent, assis sur un banc au coin d'une rue. Au menu de leurs discussions, les cours, les parents, l'amitié et, évidemment, les filles, le tout sous le signe de l'humour et de l'autodérision. Coauteur, avec Cyril Cohen, David Soussan et Franck Bellocq, d'une grande partie de ces courtes scènes, environ quatre minutes chacune, réalisées par Jim Bensoussan et Nath Dumont, la vedette de *The Young Man Show* s'enthousiasme pour ce programme : « *Les spectateurs doivent se retrouver dans nos histoires, se dire "mais oui, moi aussi, je fais ça ou je dis ça, c'est énorme !" Mais avec les scénaristes de* Soda, *on ne voulait pas d'humeur malsaine, car il n'y a rien de drôle à voir une gamine se déchirer avec ses parents…* »

Avec *Soda* (ados en verlan), Kev nous embarque dans la vie quotidienne des adolescents, en constatant que le monde des adultes n'a rien d'évident pour lui et ses compères de dix-huit ans. Le pari est gonflé et le défi excitant : prendre le relais de *Scènes de ménage* qui fait un tabac sur M6 depuis novembre 2009 avec des pics d'audience à 4 millions de téléspectateurs. « *C'est agréable de voir que la chaîne nous a fait confiance pour ce créneau* », se réjouit William Lebghil, l'un des héros de *Soda* qui est devenu l'un des très bons copains de Kev dans le métier. Même si la partie n'était pas gagnée d'avance, comme se l'était rappelé, en juillet 2011 sur le site « Allociné », Nicolas Coppermann, aujourd'hui PDG du groupe Endemol, et alors l'un des producteurs délégués de la série pour Calt : « *Il y a beaucoup d'humoristes et ils ne font pas tous du programme court. Il faut quand même avoir des histoires à raconter. Et justement, toute la difficulté, et le pari, c'était de créer un personnage, Adam, et autour de lui une galerie de personnages avec des vraies situations et des vraies histoires. En voyant Kev Adams et ses copains, en les écoutant parler, en regardant comment ils vivaient et ce qui se passait autour, on s'est dit qu'il y avait matière à faire une série. Après, ce n'était pas forcément évident que Kev soit un bon comédien, ce n'est pas parce qu'on est bon sur une scène qu'on est bon devant une caméra. Nous l'avons donc un peu testé, comme pour un casting, et on s'est vite rendu compte qu'il était très bon. Alors, on a pu construire toute la famille autour de lui*[1]. » Jusqu'à la mi-août 2011, les tournages de ce programme court humoristique vont avoir lieu de 8 heures à 19 heures. Un planning de « ouf »

1. *www.allocine.com*, 4 juillet 2011.

pour Kev Adams qui cumule les enregistrements de *Soda*, les représentations de *The Young Man Show*, les spectacles en province, les festivals le week-end et la promotion dans les médias. Un programme ultrachargé qui convient parfaitement à sa personnalité aussi ultradynamique : « *Je ne me plains pas de ce rythme. Il n'y a pas de journée type, même si maintenant, c'est vrai que les journées se ressemblent pas mal dans l'ensemble de l'année. Soit c'est le tournage de la série, j'arrive très tôt à Bry-sur-Marne et on met en boîte les épisodes toute la journée jusqu'à 19 heures, 19 heures 30 maximum, puisque je joue au Palais des glaces. Quand le week-end, je joue mon one-man-show quelque part en France, on part en train ou en voiture. Et il m'arrive de faire ce qu'on appelle les combos : des journées où je suis sur le plateau de* Soda *et parfois, où je présente mon spectacle en banlieue ou dans une ville pas trop loin de Paris le soir même. Avec en plus, des interviews à la chaîne pour la télévision, les radios ou la presse écrite. Voilà, tout ça, parce que nos producteurs sont des brutes !* » disait-il, en riant, sur l'un des tournages de *Soda* au mois de juin 2011.

Avec son personnage d'Adam Fontella, qui lui va comme un gant et lui a été confectionné sur mesure, Kev Adams montre dans *Soda* qu'il n'est pas facile d'être un ado. Entre Michel Fontella, un père plutôt cool mais pas très courageux campé par l'excellent Guy Lecluyse, Élizabeth, une maman très protectrice et sans cesse au bord de la crise de nerfs, interprétée par la drôlissime Laurence Oltuski et Ève la petite sœur adorable mais véritable petit diable, surnommée « Chucky », jouée à la perfection par la jeune Syrielle Mejias, le quotidien est mouvementé et très cocasse. Et au lycée, Adam ne chôme pas ! Mi-glandeur, mi-looser, il cherche désespérément à séduire Jenna Malaurie, la plus jolie fille du bahut qu'interprète la ravissante Lucie Boujenah. Tout en subissant les remarques sévères à la sauce vieille France de la proviseure madame Vergneaux, interprétée par la comédienne

Dominique Frot, sœur de l'actrice Catherine Frot. « *C'est incroyable, elle me rappelle vraiment et tellement ma proviseure du lycée Pasteur de Neuilly-sur-Seine ! Pour* Soda, *on s'inspire de ce qu'on vit et comme dans mon spectacle* The Young Man Show, *je parle de ce que je connais le mieux* », expliquait au *Parisien* la jeune star de l'humour à l'été 2011.

Pour la première saison de *Soda*, qui débute sur l'antenne de M6, le 4 juillet 2011, Kev Adams et ses complices d'écriture ont imaginé une trame efficace, ancrée dans la réalité adolescente, au cœur d'une famille française moyenne. Adam Fontella est un ado passe-partout, qui n'obtient quasiment jamais de très bons résultats au lycée et passe des heures à tchatcher avec ses deux meilleurs copains, Slimane et Ludovic, alias Slim et Ludo. Son père Michel travaille dans une banque, et sa mère Élizabeth est esthéticienne, à domicile… mais sa seule cliente s'appelle Malika, la maman de Slim ! Adam ne rêve que d'une chose : vivre comme un nabab aux États-Unis. En attendant que son american dream se réalise, il passe son temps à « glander » avec Slim et Ludo, à draguer sans succès la belle Jenna, à jouer à sa console ou à concocter de mauvaises blagues aux surveillants de son établissement, Thierry et Patrick. Tout en répliquant aux remarques acerbes de ses parents. Il doit aussi déjouer les pièges tendus par sa petite sœur Ève et endurer d'innombrables heures de colle, infligées par la redoutable madame Vergneaux !

Dès la diffusion des premiers épisodes, les bonnes audiences sont au rendez-vous. 2,5 millions de téléspectateurs et plus de 11 % de part de marché. Un excellent score pour une chaîne comme M6, qui engrange beaucoup de recettes publicitaires grâce à *Soda*. Ce succès immédiat montre que Kev Adams a déjà capté un public fidèle et générationnel. Même si l'audimat baisse beaucoup au fil des semaines en raison de la période de diffusion – les vacances d'été –, le groupe M6 renouvelle sa confiance à Kev et à l'équipe de *Soda*. Mais la seconde saison du programme court, prévue pour être projetée à partir du 5 mai 2012, est déplacée sur la chaîne W9, filiale de M6, chaque soir à 20 h 35, avec une rediffusion le samedi à 17 h 40. Pour les nouveaux 170 épisodes commandés par M6 à la société Calt, Kev Adams et ses coauteurs décident de se renouveler : « *Pour la deuxième saison, on a été beaucoup plus libres dans l'écriture. Lors de la première, on s'était autocensurés à l'idée d'être diffusés sur une grande chaîne comme M6. Je crois que W9 a apporté un vrai changement à la série. Cela nous a permis de parler plus de sexe, de mettre plus de gros mots dans les dialogues. Les personnages sont tellement réels et ancrés dans la vie que cette liberté dans les dialogues donne une force supplémentaire à la saison 2 de* Soda. *L'écriture est plus incisive et plus resserrée, on voulait que cela soit plus drôle. Dans la saison 1, il y avait beaucoup de scènes de la vie quotidienne. Là, on raconte moins d'histoires, on n'avait pas envie de n'être que drôles. La deuxième saison sonne plus vraie* », estimait le jeune humoriste sur le plateau de *Soda* en avril 2012. Il ajoutait : « *On a su qu'on arriverait sur W9 en mai au moment de l'écriture de la deuxième saison. À la base, on avait commencé à écrire pour M6. Puis, la chaîne nous a laissé le choix. Elle a été très claire, elle avait besoin d'un programme pour l'été, comme en 2011, pendant la coupure estivale de* Scènes de ménages. *Les dirigeants de M6 nous ont alors proposé de passer sur W9. Au début, je n'étais pas pour. Et puis, j'ai rencontré les patrons des deux chaînes et on a décidé que pour le bien de la série, pour qu'elle dure le plus longtemps possible et que pour les gens aient la chance de la découvrir, on lui offrirait une nouvelle exposition. La diffusion de la première saison m'avait énervé car* Soda *avait été programmée du 4 juillet au 28 août 2011, une période où les gens ne regardent pas particulièrement la télévision, puisqu'ils sont en vacances. On a donc pesé le pour et le contre et avec Calt et Élisa Soussan, ma coproductrice et amie, on s'est dit que W9 était le meilleur choix possible. On a pris ce risque même si la chaîne fait moins d'audience que M6. Même si, comme les journalistes l'avaient souligné depuis l'officialisation du changement de chaîne, j'avais un peu l'impression de régresser en imaginant la série sur W9. J'ai écouté tout le monde. Les producteurs de la série, les auteurs, j'ai même dîné avec Nicolas de Tavernost, le PDG du groupe M6… Au final, M6 s'est vraiment impliquée dans ce changement. Ils ne nous ont pas dit "vous partez sur W9, point final !" On a donc décidé de faire une grosse arrivée sur W9 avec beaucoup de promotion et finalement, cela a été très cool.* » Dans cette seconde saison de *Soda*, plusieurs guest stars viendront pour une amicale participation : la chanteuse Amel Bent, les acteurs Ramzy Bédia (du tandem Éric et Ramzy), Anthony Kavanagh ou Bruno Solo, le rappeur La Fouine, l'animateur Cyril Hanouna et le producteur-réalisateur Dominique Farrugia.

Avec Amel Bent, la rencontre se déroule par hasard dans un restaurant. Avec son culot habituel et sa spontanéité, Kev lui propose de jouer dans sa série. L'ancienne candidate de *La Nouvelle Star* a accepté d'emblée. Quant à Ramzy, c'est un grand fan de *Soda* qu'il regarde avec sa fille. « *Je l'ai retrouvé, complètement par hasard lui, à une soirée le 31 décembre 2011 et il m'a dit oui tout de suite. Tous ces invités sont très mal payés et ils sont venus uniquement pour me faire plaisir !* » raconte Kev. Dans *Soda* saison 2, Adam doit passer son bac, sans se décider à réviser sérieusement pour décrocher le précieux sésame. Sa grand-mère maternelle Gisèle est de plus en plus présente au domicile familial, au grand dam de monsieur Fontella, le père, qui ne supporte pas sa présence. De son côté, Ève, la petite sœur, a le béguin pour Ludo. Mais celui-ci ne voit rien, et ne pense qu'à bachoter ou « déconner » avec ses deux meilleurs potes, Adam et Slim. « *On a introduit le personnage de la grand-mère, jouée par Chantal Garrigues. On s'est dit qu'il y avait un décalage entre la vraie vie de famille et celle de la série,* a expliqué Kev Adams sur « Allociné ».

L'introduction de ce personnage nous a permis d'explorer de nouvelles sphères de la vie familiale et de créer plusieurs scènes de vie assez drôles. Dans la seconde saison de Soda, *ma grand-mère, c'est comme ma pote. Cela sert aussi à montrer le rapport de l'adolescent face à la vieillesse, aux grands-parents. C'était important d'ajouter cela et c'est un plus par rapport à la saison 1. Après, on a introduit des relectures qu'on ne faisait pas sur la première saison. Tous les sketchs auxquels je n'ai pas pu participer en termes d'écriture, je les relisais et je les corrigeais. Cela leur a donné plus de force. Et sur cette deuxième saison, on a aussi abordé des sujets très variés comme le sexe, les relations avec les parents, l'homosexualité, le travail, l'argent et d'autres encore… On a vraiment voulu faire une véritable série sur les ados. Après, c'est vrai qu'on nous a dit non lorsqu'on a voulu faire quelques scènes sur la drogue. Mais de toute façon, notre objectif n'était pas de choquer, mais de faire rire. Et je crois qu'on a réussi notre coup avec cette saison 2 !* »

Comme pour la première année de *Soda*, Kev a écrit une vingtaine d'épisodes et collabore avec une quinzaine d'auteurs, dirigés par le trio Cyril Cohen, Franck Bellocq et David Soussan. Alors que la saison 1 avait enregistré des scores jugés décevants par les spécialistes et la presse, la seconde édition de *Soda* grimpe très vite au sommet de l'audimat. Le 25 août 2012, elle attire ainsi plus de 1,5 million de téléspectateurs et permet à W9 d'obtenir, ce jour-là, la meilleure audience de toutes les chaînes de la TNT ! Et les plus beaux résultats de cette case horaire pour la filiale de M6, depuis octobre 2011. Comme *Soda* numéro 2 cartonne, les ventes des DVD de *Soda* numéro 1, sorti au mois de mars 2012, enregistrent une très forte hausse. Cerise sur le gâteau, le succès retentissant de *Soda* fait de W9 la première chaîne de télévision nationale auprès du public des moins de vingt-cinq ans, avec 18,5 % du taux d'audience. Pas de doute, Kev Adams a mis dans le mille avec *Soda* 2. Il s'en réjouit lors d'un entretien accordé au magazine *Télé 2 semaines* en mai 2012 : « *C'est un deuxième tremplin pour moi, après* On n'demande qu'à en rire. *Je suis passé de salles de 600 places à d'autres bien plus grandes, avec 1 000 à 3 000 spectateurs pendant ma tournée en province.* » Et quand on lui rappelle les résultats un peu décevants de *Soda* première saison, la coqueluche des adolescents ne se prive pas de mettre les points sur les i : « *Aucun journaliste n'a évoqué les audiences de la saison 1 de* Soda *en les comparant avec les audiences de la première saison de* Scènes de ménages. *Aucun, alors qu'on a fait les mêmes performances qu'eux. La plupart ont écrit:* "Soda fait pschitt", "C'est un bide", *etc… Pour être honnête, je me suis dit : "C'est le retour de bâton" ! Je suis en tournée permanente, alors j'ai pris le temps d'écouter le public. C'était vraiment du 50-50. Certains aimaient, d'autres étaient déçus. J'ai donc revisionné l'intégralité de la saison 1 en DVD. Je me suis dit : "Mince, les gens ont raison. Une moitié des épisodes est pêchue, l'autre est chiante." C'est d'ailleurs à partir de ce constat qu'on a écrit la saison 2. Je me souviens qu'au lendemain de la première diffusion sur M6 au mois de juillet 2011, je suis parti en vacances, on avait fait un superlancement. Un des meilleurs de l'histoire de la chaîne pour une fiction de ce genre. Je suis parti serein et j'avais dit à tout le monde de ne pas m'appeler pour parler des chiffres. Quand je suis revenu, je me suis baladé sur Internet, sur les forums, et c'est vrai que les gens étaient très critiques. J'ai été projeté rapidement dans ce métier et je ne connaissais pas encore la critique. Quand j'ai commencé mon spectacle* The Young Man Show, *les retours étaient à 97 % positifs. C'est donc avec* Soda *que j'ai découvert la critique !* »

Pour la nouvelle saison de *Soda*, outre la création du personnage de la grand-mère, un nouveau décor est installé avec la chambre des parents. Comme si les producteurs du programme et Kev s'étaient un peu inspirés du style de *Scènes de ménages* afin d'élargir l'auditoire et capter encore plus de téléspectateurs, au-delà du seul public des adolescents. Mais Kev Adams n'accepte pas cette comparaison, ainsi qu'il le déclare sur le tournage de *Soda* 2 au mois de juin 2012 : « *Pour être franc et honnête, je n'ai vu que deux minutes de* Scènes de ménages *dans toute ma vie. Je ne regarde pas souvent la télé. On a une diversité de plans qui est deux cents fois plus importante qu'eux. Enfin, c'est ce qu'on m'a dit. Ajouter la chambre des parents et la grand-mère ? Évidemment que les mauvaises langues diront que c'est pour coller au succès de* Scènes de ménages. *On n'évitera jamais la comparaison avec cette autre série. J'ai juste envie de dire aux gens et aux journalistes : "Regardez la nouvelle saison de* Soda *et après, jugez-là !"* » Rapidement, les ados deviennent des accros des aventures d'Adam, Ludo et Slim ou de leurs rapports avec les parents, la petite sœur, les professeurs et les filles du lycée. Dans les cours des collèges et des lycées, on se répète en boucle quelques répliques de la série érigées en phrases cultes. Quelques paroles bien senties et sorties de la bouche d'Adam Fontella, et nées de l'imagination de Kev Adams ou de ses coscénaristes : « *Tu nous as pris pour qui ? Pour des lapins nés de la dernière pluie ?* » ; « *Toute une vie pour essayer de se créer une image de Dieu vivant et pour finir en jupe !* » ; « *Vaderetros Satanicus, sorcière harus* », s'adressant à sa mère Élizabeth, surnommée Babeth dans la série ; « *Un bébé, ça se branche pas et ça se débranche pas comme une PlayStation !* » lors d'une discussion avec Slim ; « *Salut Ludo, tu ne me connais pas, mais moi si. Voilà des mois que je te surveille dans l'ombre. Voilà des mois que ta beauté m'ensorcelle et que ton odeur m'enivre* », quand Adam se fait passer pour une admiratrice de son copain Ludo ; « *Non, tu n'es pas assez mature pour t'occuper d'un mioche. Tu es assez mature pour manger une glace devant la télé* », explique Adam à Slim qui songe à gagner un peu d'argent en faisant du baby-sitting. Ou encore : « *Je veux des bigoudis ! Right now !* » lorsque Adam regarde sa coupe de cheveux dans le miroir ; « *Qu'est-ce qu'il t'arrive*

Chuky ? Matt Pokora s'est marié ? » en voyant Ève, triste et blottie, dans le canapé du salon. Et aussi : « *Je vais en zonzon. Déjà quand je suis en prison quand on joue au Monopoly, je ne me sens pas bien, alors, imagine là !* » ; « *Je suis atteint d'une grave maladie tropicale qui touche les moutons* » ; « *Je suis dans la merde les gars. J'ai été chez le coiffeur, il m'a charcuté la tronche, mais comme jamais quoi !* » ; « *Je vous le dis les mecs ! À quatre, on aura plus l'air d'une crew, d'une bande ! Là, à trois, on est tout ripoux. On dirait un trio ou un boys band !* » Enfin, quand Adam a des échanges avec sa maman : « *Tu t'es crue à quelle époque Mam's, à l'époque du Moyen Âge ? À l'époque de Louis de Maupassant ?* » ; « *Mam's, moi qui pensais que tu parlais avec ton fils aîné de sa musculature saillante ! Non, en réalité, t'étais en train de parler à une banane ! You were talking to a banana !* »

À la fin des années 1990, les jeunes avaient adoré la série *H* sur Canal + dans laquelle Jamel Debbouze et le duo Éric et Ramzy interprétaient des infirmiers totalement déjantés d'un grand hôpital parisien. Ce programme comique dura de 1998 à 2002 et contribua fortement à la popularité de Jamel Debbouze ou Éric et Ramzy. Tout en marquant une certaine génération de téléspectateurs et l'histoire des fictions humoristiques du petit écran. Avec *Soda*, Kev Adams aura réussi le même tour de force, de surcroît dans un univers beaucoup plus concurrentiel qu'à l'époque de *H*. La saison 2 ayant remporté un vrai succès, c'est sans hésitation que les patrons de W9 lancent la troisième saison de *Soda* pour une mise à l'antenne fixée au 7 septembre 2013. Avec 300 nouveaux épisodes à la clef : voilà une excellente affaire pour la société de production Calt, mais aussi pour Kev Adams, rémunéré à la fois comme acteur vedette du programme et comme coscénariste. Ce qui lui permet de percevoir de juteux droits d'auteur quand *Soda* est diffusé et rediffusé, non seulement sur W9 et M6, mais aussi à l'étranger. La série a en effet été achetée en Belgique par la chaîne Club RTL et au Québec par Vrak TV. Deux pays où Kev est désormais aussi populaire que les humoristes locaux. Pour la troisième édition de *Soda*, il a demandé à son complice Edouard Pluvieux de réaliser des épisodes dans lesquels quelques nouveaux invités de marque font une apparition : les animateurs Cyril Hanouna et Sébastien Cauet, le chanteur Corneille (l'un de ses artistes préférés), les humoristes Max Boublil et Éric Judor, la comédienne Isabelle Nanty et l'acteur-réalisateur Pierre-François Martin-Laval, surnommé « PEF ». Durant l'été 2012, l'ancien membre de la troupe Les Robins des Bois a dirigé Kev, pendant neuf semaines, dans le film, *Les Profs*, le plus gros succès du cinéma français en 2013.

Dans *Soda* 3, la belle Jenna, dont Adam est dingue, part en Afrique où son père a été muté. Comme pour oublier cet amour manqué, il sort avec Juliette, son prof particulier, qui n'est autre que la fille du patron de Michel Fontella. Le héros de *Soda* décide de bosser à mi-temps dans un kebab, managé par Uskur que John Eledjam interprète avec justesse. En attirant entre 650 000 et 1 million de téléspectateurs chaque soir sur W9 et un peu plus le week-end lors des rediffusions, Kev Adams fidélise son public.

C'est sur le tournage d'un des numéros de *Soda* 3 que Marine, alors âgée de dix-sept ans et originaire de Bretagne, a pu réaliser son rêve : rencontrer Kev Adams dont elle est une fan absolue. À la fin du mois d'octobre 2013, elle arrive avec sa mère à la gare Montparnasse. Invitées par la production de *Soda* et l'association Make-A-Wish qui réalise les rêves d'adolescents en difficulté ou malades, dans laquelle Kev s'implique dès qu'on le lui demande, l'adolescente et sa maman sont logées dans une belle chambre d'un grand hôtel, près de l'Opéra de Paris. Sur le lit, des cadeaux de son idole : les coffrets DVD des saisons 1 et 2 de *Soda*, des T-shirts et casquettes estampillés « I love Kev Adams » et l'album de *The Young Man Show*, avec tous les sketchs du spectacle. Marine nous raconte cette journée exceptionnelle avec Kev : « *En bas de notre rue, une magnifique et immense limousine blanche nous attendait, avec champagne, jus de fruits, gâteaux et confiseries à l'intérieur ! Je me prenais pour une star et notre chauffeur était super sympa. Nous sommes allés dans les studios de Bry-sur-Marne pour découvrir les plateaux de* Soda *et voir Kev en chair et en os. Quel kif ! Après avoir traversé tout Paris, en passant par les Champs-Élysées, la Concorde, le Trocadéro et la place du Châtelet, ce qui était une première pour moi, on est enfin arrivées sur le tournage de ma série préférée. Le grand moment tant attendu approchait… Il y avait beaucoup de jeunes, devant l'entrée des studios de Bry-sur-Marne. Ils étaient un peu jaloux, je les comprends, lorsque David Bigard, le garde du corps et chauffeur-secrétaire de Kev, nous a accueillies à notre descente de voiture. On a d'abord visité les plateaux de* Soda, *avec les différentes pièces de l'appartement des Fontella. Je me sentais chez moi, tellement ces décors m'étaient familiers. J'ai même fait semblant de téléphoner depuis le kebab et, ensuite, pendant deux heures, j'ai vu le trio de copains (Adam, Ludo et Slim) tourner plusieurs scènes dans la chambre d'Adam. J'étais placée à l'écart bien sûr, mais j'ai pu observer leur façon de jouer, de se tromper, de garder leur naturel et de blaguer entre les séquences. Lorsqu'une prise se terminait, Kev venait discuter avec moi, on prenait des photos et il signait des autographes que j'avais préparés pour ma sœur et mes copines. J'avais le cœur qui battait très fort et les yeux qui brillaient ! Kev Adams n'arrêtait pas de plaisanter et m'a présenté les autres acteurs, William Lebghil et Gaël Cottat, avec qui j'ai aussi fait plein de photos. Ce que j'ai adoré dans cette expérience, c'est la gentillesse et l'humour de Kev. Il s'est comporté avec moi comme si j'appartenais à sa bande d'amis. La première chose que j'ai racontée à mes copines, c'est qu'il est encore plus beau en vrai qu'à la télé ! Je m'en souviendrai toute ma vie*[1] *!* »

Des ados comme Marine, qui se sont retrouvées dans la série *Soda* et le personnage d'Adam, il y en a des centaines de milliers. Mais l'humour et la description de la vie quotidienne dans cette famille Fontella ont débordé pour toucher d'autres tranches plus âgées de la population. « *On a tout de suite pensé à un public aussi large que celui de* Scènes de ménages, explique Nicolas Coppermann, ancien producteur délégué de *Soda*, lors de la présentation de la série à la presse, au mois de juillet 2011. *Ce qu'on a pu tester avec* The Young Man Show *c'est qu'évidemment les adolescents étaient fans, mais les parents venaient le voir avec eux et avec plaisir. Il n'y a pas beaucoup de choses qu'on peut voir en famille, parce que généralement, au niveau des goûts, les enfants se font charrier et les parents aussi. Là, les parents se font gentiment charrier, mais ils ont plaisir à le voir et à l'entendre avec les gosses. Ce qui nous a aussi surpris, c'est que les vingt-trente ans qui, a priori, ne sont plus concernés par l'adolescence et ne sont pas encore des parents d'ados, font aussi partie du public de Kev Adams. Parce qu'en fait, c'est une forme d'humour dont personne ne se sent rejeté. C'est vrai que les ados se retrouvent dans ce qui est raconté dans* Soda, *tout comme leurs parents et les jeunes adultes, ceux qui étaient des adolescents il y a cinq ou six ans. Avec* Soda, *on pensait qu'il y en avait pour tout le monde et c'était notre pari...* » Une opinion partagée par Kev comme il l'a expliqué pour le site « Allociné », lors du lancement de *Soda* en juillet 2011 : « *Je pense que c'est une série d'ado pour tout le monde, parce que l'adolescence, c'est comme une maladie que tout le monde aurait eue. C'est comme si tout le monde avait eu une grippe entre douze et quinze ans. Donc moi, si à quinze ans je fais un spectacle sur la grippe,*

1. *www.makeawishfrance.org*, octobre 2013.

même si on a quarante-deux ans, on sait de quoi je parle parce qu'on l'a déjà eue, on a ressenti ces choses-là, peut-être à une époque différente, mais on voit de quoi je parle. En plus, grâce à l'émission de Laurent Ruquier, On n'demande qu'à en rire, *il y a beaucoup de personnes âgées qui me suivent, alors c'est agréable... Je plaisante bien sûr ! En plus,* Soda, *c'est une autobiographie exagérée, en gros. Moi, je n'ai jamais fait de crise parce que mon jean était repassé* [en référence au premier épisode de la série dans lequel Adam est contrarié car sa mère a repassé son jean]. *En revanche, ça m'est arrivé d'en faire une parce qu'on me l'avait lavé alors que je le trouvais bien comme il était. Je n'ai pas non plus été comme Adam avec les filles, mais ça m'est arrivé d'être tellement amoureux que j'aurais fait n'importe quoi pour la fille en question. L'adolescence quoi ! On a seize ans, on voit une fille et on pense que c'est la plus belle du monde, après on découvre qu'il y a l'actrice Nathalie Portman et on change d'avis ! Mais en tout cas, je me reconnais beaucoup dans cette série, je revis ça à travers certaines années qui sont peut-être passées un peu trop vite pour moi et ça me fait du bien...* » Cela fait aussi beaucoup de bien à Marine Agasse, une super fan de Kev qui vit à Montpellier, qui a toujours beaucoup aimé *Soda* pour différentes raisons : « *Ce qui est bien aussi dans* Soda, *c'est le format court. Il n'y a pas vraiment de continuité d'un épisode à l'autre, même si on peut constater l'évolution des héros au cours des saisons. Cela nous donne une certaine liberté pour regarder les sketchs que l'on veut et dans n'importe quel ordre. Ce que j'aimerais voir dans les prochaines saisons, ce sont de nouveaux décors, comme une salle de cours par exemple. Ce serait bien aussi de connaître l'avenir d'Adam, Slim ou Ludo après le lycée, les mettre en scène à l'université ou les montrer à la recherche d'un emploi...* »

Mais, toutes les bonnes choses ont une fin. Après trois ans de succès sur M6 d'abord puis W9 et des centaines de milliers de

DVD de la série achetés par les fans, *Soda* s'arrête. Le 12 mars 2014, Kev Adams annonce lui-même la nouvelle à la journaliste Wendy Bouchard sur Europe 1 : « *Malheureusement,* Soda *va se terminer. On grandit tous. En ce moment, la série bat des records d'audience, en particulier tous les week-ends. Je pense qu'il faut arrêter quand les gens sont contents de te voir et pas quand ils en ont marre. En ce moment, on me voit beaucoup. Donc j'ai peur que cela arrive bientôt…* »

Dans la même interview Kev rassurait ses aficionados par une information plus positive : « *Je ne pouvais pas trop le dire avant, mais maintenant, c'est sûr. Pendant une heure et demie, on pourra voir Adam et les autres quitter leur banc et se balader un peu partout en France. On quittera les studios pour des décors naturels et les tournages de ce téléfilm pour M6 débuteront en juin.* » Pendant dix-huit jours, toute l'équipe de *Soda* se retrouvera donc au début de l'été 2014 pour mettre en boîte, dans plusieurs beaux endroits de l'Hexagone, *Soda : un trop long week-end*, avec la collaboration de quelques guest stars telles que l'animateur de *Maison à vendre* et *Recherche appartement* sur M6, Stéphane Plaza, ou Nicolas Marié, le comédien fétiche d'Albert Dupontel.

Diffusée le 29 décembre 2014 en prime time sur M6, cette version longue de *Soda* a été plébisicitée par 4,5 millions de téléspectateurs, juste derrière les mastodontes *Joséphine, ange gardien* avec Mimie Mathy sur TF1 et *Castle* sur France 2, réalisant au passage la meilleure audience de la chaîne M6 pour une fiction depuis 2012. « *Ce prime time se rapproche davantage d'un long-métrage de cinéma. Il met en scène Adam, coincé entre sa copine et ses potes qui veulent tous emménager avec lui. Je tournerai ensuite un second prime pour finir en beauté et j'arrêterai… En ce qui concerne* Soda, *je pense que je n'ai plus ma place dans ce programme qui raconte l'histoire d'un adolescent. Déjà, ces derniers temps, j'avais l'impression de mentir au public. On me voit comme un lycéen avec son sac à dos qui galère avec les meufs. Ce n'est plus du tout ce que je vis. Je suis un jeune acteur, j'ai la chance d'avoir du succès avec les filles et je n'habite plus chez mes parents depuis quatre ou cinq ans. Mais je suis triste de quitter cette deuxième famille, car ce que nous avons vécu est exceptionnel !* » expliquait Kev Adams lors de la journée de promotion d'*Un trop long week-end*.

Face au triomphe d'audience du téléfilm, M6 s'est empressée d'annoncer les prises de vues d'une suite intitulée *Soda : le rêve américain*. Tourné entre la France et la Belgique, ce nouveau programme de quatre-vingt-dix minutes raconte l'échec d'Adam au baccalauréat, ce qui ne constitue pas une énorme surprise. Pas de bac, pas de vacances estivales aux USA, avaient promis les parents Fontella. Mais Adam croit trouver une solution miracle. Pour vivre son rêve américain, il va participer avec ses potes Slim et Ludo à un jeu télévisé permettant de gagner un visa d'un an pour les États-Unis. On pourra voir cette comédie dans le courant de l'année 2015. La suite ? Kev Adams joue franc jeu : « *Je ne suis pas* Joséphine, ange gardien ! *Je trouve que c'est génial de créer de l'événementiel. On le fait très peu en France, car les chaînes TV sont frileuses, mais ça se fait beaucoup aux USA. On a deux primes événementiels, qui sortiront peut-être en DVD ou en VOD par la suite. Je ne veux pas qu'on commence à installer un truc avec* Soda *qui revient tous les premiers lundis du mois. Ces primes sont des célébrations. Si vraiment ça cartonne, je ne vais pas mentir, on en fera peut-être un troisième, mais ça n'ira pas plus loin. Je n'ai pas envie que ça devienne un rendez-vous régulier.* »

L'aventure *Soda* restera un formidable tremplin pour la carrière de Kev, comme *H* le fut pour Jamel Debbouze, *Un gars, une fille* pour Jean Dujardin et Alexandra Lamy ou *Le SAV* pour Omar Sy. Une expérience fantastique pour l'ancien gamin de la rue Botzaris qui sait pertinemment ce qu'il doit à *Soda* et à la télévision : « *J'ai tellement de souvenirs,* disait-il en décembre 2014, lors d'une conférence de presse. *Avec l'équipe, on a passé cinq mois ensemble pendant trois ans. Cela a été extrêmement intense. On mettait en boîte beaucoup d'épisodes chaque jour.* Soda *a été mon école de jeu. J'ai plus appris en trois ans de tournage sur* Soda *qu'en dix ans de théâtre ! On est sur le terrain, dans le réel. Il faut faire rire les gens tout de suite. On rentre quatorze épisodes en une journée. On était toujours pris par le temps et on avait toujours envie de bien faire. C'est comme ça qu'on a tous grandi et évolué. J'avais hâte de tourner ce téléfilm pour retrouver mes partenaires. Chaque fois, ces retrouvailles sont familiales. On se regardait dans le blanc des yeux au début et quatre ans après, on était la série numéro 1 de la TNT depuis presque deux ans. J'ai eu la chance de coécrire et de cocréer cette série. J'avais seulement dix-sept ans quand M6 m'a fait confiance, c'est du délire aujourd'hui quand j'y pense ! Lorsque je vois des formats courts comme* Pep's *sur TF1, je ne peux m'empêcher de penser qu'on a ouvert la voie à ce genre de programmes. J'en suis heureux, en toute humilité. Pour nous tous, l'aventure* Soda *aura été magique et on en gardera un souvenir impérissable !* » Et même si le cinéma a jeté son dévolu sur le talent et la popularité de Kev (les succès de *Fiston* ou des *Profs* l'ont prouvé) et que ses spectacles affichent archicomplet depuis plusieurs mois dans toute la France, la coqueluche des ados n'oublie pas le petit écran. Il travaillerait déjà sur un autre projet de série, car il a très envie d'y revenir justement. « *Mais si cela se fait, le rôle que j'y tiendrai sera très différent de celui de* Soda *!* » confie-t-il. En attendant, la tribu des fans peut toujours se régaler avec les nombreuses rediffusions quotidiennes de *Soda* sur W9.

VI

VOILÀ VOILÀ !

Avec *The Young Man Show*, Kev Adams a attiré 350 000 spectateurs entre le théâtre du Temple, le Palais des glaces, le Casino de Paris, l'Olympia et la tournée qui a suivi dans toute la France, mais aussi en Belgique et en Suisse ! La jeune bête de scène a donc placé la barre haut et son deuxième spectacle, intitulé *Voilà Voilà*, annoncé pour le mois de septembre 2013, est très attendu. Pour ce nouveau one-man-show, coécrit avec John Eledjam et Edouard Pluvieux, et toujours mis en scène par Serge Hazanavicius, l'artiste a hâte de retrouver ses fans. Même s'il ne cache pas son anxiété et ses doutes, quelques jours avant : « *Oui, je suis anxieux, mais je crois que c'est important de l'être. Dès que l'on se sent sur un nuage et qu'on pense que ça y est, que tout est acquis, c'est fini. Je flippe tous les jours. J'ai l'impression que demain, je vais me réveiller, et qu'on va me dire : "Merci mec, tu nous as bien fait kiffer, mais maintenant, il faut laisser ta place". C'est une anxiété permanente, elle me nourrit et m'aide à donner le meilleur de moi-même… J'en suis aux balbutiements de mes rêves et de mes envies. J'aime profondément ce métier et j'ai rêvé de le faire très longtemps, j'ai frappé à toutes les portes. J'ai tapé chez M6 pour leur dire que je voulais faire une série, puis chez tous les producteurs de France pour leur dire que je voulais faire du cinéma. Ensuite, il faut leur prouver ce qu'on vaut, et apporter une vraie valeur ajoutée. J'avais envie de leur prouver quelque chose de novateur, qu'ils ne se disent pas juste : "Cool, c'est le jeune !", mais qu'ils se disent : "Ce mec sera peut-être encore là dans quelques années, parce que c'est un putain de bosseur". Je bosse comme un fou, pas juste parce qu'il le faut, mais parce que j'adore ça.* » Ce que confirme son ami et coauteur John Eledjam, qui assure toutes les premières parties du nouveau stand-up de Kev : « *C'est un gros bosseur et, surtout, un grand créatif. Il explore beaucoup de choses et ne laisse jamais rien au hasard.* » Présenté d'abord dans quelques villes de province et de la banlieue parisienne à partir du mois de septembre 2013, le show *Voilà Voilà* va durer jusqu'au 31 juillet 2015 à Béziers, avec une grande soirée à Marseille, diffusée en direct sur M6, le 11 juin. Au total, plus de 150 dates et des représentations au Bataclan (pendant plus d'un mois à la fin de l'année 2013), l'Olympia et le Zénith de Paris, trois soirs de suite, du 26 au 28 décembre 2014. Avec cette performance, Kev se hisse au rang des superstars de l'humour, capables de remplir de très grandes salles sur leur nom. Dans cette catégorie, ils se comptent sur les doigts des deux mains : Gad Elmaleh, Franck Dubosc, Florence Foresti, Jamel Debbouze, Muriel Robin ou Jean-Marie Bigard. À chaque représentation, *Voilà Voilà* affichera quasiment complet.

C'est un nouveau Kev qui se présente sur la scène devant ses admirateurs. Certes, son look, sa tchatche, sa drôlerie, son énergie et son rapport inné avec les ados n'ont pas changé d'un iota. Mais l'artiste n'a plus les dix-sept ans de ses premiers pas artistiques. À vingt-trois ans, Kev a mûri et évolué. Il entre désormais dans la case « jeune adulte ». Il sait qu'il doit se renouveler pour ne pas se laisser enfermer dans un personnage qui n'est plus vraiment le sien dans la réalité : « *J'ai la chance d'avoir beaucoup de propositions en ce moment, des choses qui ne sont pas du tout pour les ados. J'ai fait beaucoup de choses pour les ados, plus que beaucoup d'artistes, parce que c'était de mon âge. Pendant mes trois premières années de carrière, j'avais entre dix-sept et vingt ans. J'ai besoin de parler de choses qui me touchent. C'était l'adolescence. Maintenant, je grandis, j'évolue. Je l'ai fait sentir dans ce nouveau spectacle,* Voilà Voilà, *et aussi dans mes projets ciné qui arrivent. C'est comme avec* Soda, *je ne voyais pas comment faire évoluer la série dans le bon sens, et donc j'ai préféré arrêter au top* », souligne-t-il lors de la journée de présentation de *Soda : un trop long week-end*, au mois de décembre 2014, alors que la tournée de *Voilà Voilà* bat déjà tous les records d'entrées et que le comique se prépare pour ces trois soirées au Zénith de Paris, entre Noël et la Saint-Sylvestre. Une façon extraordinaire de terminer l'année 2014 pour celui qui ne s'aimait pas, quelques années plus tôt, lorsqu'il déambulait d'abord, dans les rues populaires du 19e arrondissement de Paris, ensuite sur les boulevards cossus de Neuilly-sur-Seine. Lors d'un entretien accordé à *Libération-Next*, le 10 mars 2014, Kev est interrogé sur son humour et son succès. Il prône un rire rassembleur et estime que « *l'humour s'arrête là où il blesse les gens. Mais bien sûr, qu'on peut rire de tout. Pourquoi on ne se moquerait pas des feujs comme on se moque des musulmans ? Il faut être fin et respecter…* »

Les fans ne sont pas déstabilisés par les blagues du « nouveau Kev ». En revenant sur les planches avec *Voilà Voilà*, la vedette préférée des ados n'a pas opté pour des vannes politiques à la sauce Stéphane Guillon. Ni pour un show froid et décalé façon Gaspard Proust. Ou pour une succession de personnages à la Élie Semoun. Certes, il n'a pas totalement tourné la page de ses années lycéennes, mais elle ne semble plus dominer. Pour la journaliste du quotidien régional *Ouest-France*, Élisabeth Bureau, qui a vu le spectacle à Angers, « *avec son énergie déjantée, il décortique toujours son quotidien comme le divorce de ses parents raconté à sa manière, sa nouvelle vie de star et comment sa famille vit tout cela. Mais il va aussi taquiner le plus inattendu : son rap sur des écureuils new-yorkais en a scotché plus d'un dans la salle. Et il ose même faire un peu de philosophie quand il dit : "Mon petit frère de sept ans m'a demandé la différence entre grandir et vieillir". Franchement, le loustic a du chien et le phénomène Kev Adams n'est pas près de s'essouffler !* »

Autre morceau de bravoure dans *Voilà Voilà*, les vacances de Kev en Nouvelle-Calédonie avec ses potes, « *les moustiques et la plage, une aire de jeux XXL au sable tellement mal dégrossi, qu'une pelle en plastique ne suffirait pas...* »

Le comique, qui a une sensibilité à fleur de peau, a été bouleversé par la séparation de ses parents en 2013. Grâce à la scène et à *Voilà Voilà*, Kev a trouvé les solutions pour évacuer cette douleur personnelle et familiale. « *Il fallait que je finisse par en parler à quelqu'un. Quand cela arrive quand vous connaissez le succès, vous ne pouvez pas vous empêcher de culpabiliser, de vous dire que c'est de votre faute. Au début, je n'ai pas pu verbaliser car ma famille traversait une période difficile, c'était douloureux. J'ai dû faire front alors que j'étais moi-même beaucoup absent. J'ai protégé mes deux frères, Lirone et Noam, qui avaient sept et dix-sept ans à l'époque, sans penser à me protéger. J'ai absorbé la peine de tout le monde comme une éponge, mais la mienne est restée enfouie. Il fallait donc que ça sorte, et j'ai choisi de le faire dans* Voilà Voilà. *Et comme je l'ai dit dans plusieurs interviews : sur une scène, je vis. Sous les projecteurs, je n'ai pas peur d'en parler, je me sens invincible, je suis celui que je rêvais d'être. Sur scène, je suis Leonardo DiCaprio !* » explique l'humoriste au mois de mars 2014 à Ghislain Loustalot, journaliste à *Paris Match*.

Kev profite de l'incroyable tournée de *Voilà Voilà* pour propulser en pleine lumière son coauteur et ami, John Eledjam, programmé en première partie. Une aventure que ce dernier n'est pas près d'oublier : « *Un soir à Lyon, lors d'un show de Kev à la Bourse du travail, je me suis pris une standing ovation en pleine tête, à la fin de ma prestation, devant des milliers de spectateurs ! En seulement quinze minutes sur scène ! C'était complètement fou pour moi, car quand on fait ce métier, le doute est omniprésent. Alors, vivre ce genre de moment, et beaucoup grâce à Kev, ça booste à fond ! Durant la tournée de* Voilà Voilà, *jamais je n'ai eu la sensation d'être dans l'ombre de Kev Adams. On ne peut pas être l'ombre d'une lumière ! Kev fait briller tous les gens qui l'entourent et il est conscient de sa chance, alors chaque jour, il fait tout pour porter son entourage au plus haut ! Et c'est pour ça que je suis fan de ce mec ! On a toujours cru l'un et l'autre en la réussite de chacun, et son succès ayant été fulgurant, il a pris la décision de me produire sur scène. Il m'a organisé une tournée en solo en 2014 dans les plus grandes villes de France. Peut-on parler d'ombre à ce niveau-là ? J'adore ce mec*[1] *!* » Car l'artiste Kev Adams se double d'un homme d'affaires, qui a rapidement compris, que dans le terme show business, il y avait le mot business… Comme ses illustres aînés Jamel Debbouze ou Gad Elmaleh, eux aussi patrons de leurs boîtes (Kissman pour Jamel, KS2 pour Elmaleh). Depuis le début de l'année 2012, il dirige en effet sa société de production, appelée Adams Family Productions, présidée par Kevin Smadja (Kev himself) et domiciliée boulevard Argenson, à Neuilly-sur-Seine. Cette Sasu (société par actions simplifiées à associé unique) lui permet non seulement de s'investir dans des projets personnels (comme le one-man-show de son pote John Eledjam), mais aussi de coproduire avec Robin & Co le spectacle *Voilà Voilà*. Sa mère Nathalie et sa manager-associée Élisa Soussan jouent un rôle actif au sein de la Adams Family, dégageant Kev de tous les problèmes administratifs afin qu'il puisse se consacrer à son travail d'artiste. Entre deux dates de sa tournée *Voilà Voilà*, à la fois réussie et épuisante, la coqueluche des ados a peaufiné quelques nouveaux projets de séries TV et de films au cinéma, qu'il compte mener à son terme avec la Adams Family, dans les deux

1. *yourhumour-blog-com*, 15 novembre 2013.

ou trois prochaines années. Car le jeune homme ne manque pas d'ambition ou de rêves. Tout en se reposant dans son petit mais coquet appartement, récemment acheté à Neuilly-sur-Seine, «*pour le calme et le bruit des feuilles mortes qui culbutent le pavé*» dixit Kev, pour rester près de sa famille et passer des soirées avec les potes de toujours comme Marvin, Benjamin, Dylan et les plus récents, John Eledjam, David Bigard, son amie l'ancienne miss France Malika Ménard ou le comédien Rayane Bensetti. Peut-être aussi, pour se remémorer les fantastiques moments qu'il a vécus avec *Voilà Voilà*, un one-man-show marqué par le lien avec ses fans et une ambiance incroyable. L'hiver dernier, quelques heures avant l'un de ses spectacles à Angoulême, dans les Charentes-Maritimes, il confiait : «*C'est vrai que c'est un très beau succès. Cela fait très longtemps que je fais des tournées, quasiment en non-stop depuis six ans, et c'est rare de vivre des ambiances dingues comme ça tous les soirs, ce sont de vraies osmoses avec le public. J'ai souvent l'impression de faire une énorme fête avec des amis et c'est très agréable. J'ai voulu que* Voilà Voilà *soit plus interactif que* The Young Man Show, *je parle aux gens, ils m'interpellent. Mais il ne fallait pas non plus que cette discussion spontanée avec les spectateurs empiète trop sur le show pour que tout le monde puisse en profiter, même ceux qui n'ont pas envie de participer à cette interactivité.*» Durant la tournée *Voilà Voilà*, on retrouve, dans les salles remplies jusqu'au dernier strapontin, beaucoup de jeunes filles, visiblement sous le charme du roi Kev, mais aussi de plus en plus d'adultes. Il s'agit souvent des parents des ados qui rient autant que leur progéniture et se prennent aussi au jeu, notamment lorsque sont abordés des sujets plus sérieux tels que le divorce. «*Mais je ne cherche pas à élargir mon public,* précisa Kev Adams dans les coulisses de son stand-up à Angoulême devant des journalistes locaux. *J'essaie juste de faire un spectacle avec le cœur, de dire ce que je pense avec beaucoup de franchise, quitte à plomber l'ambiance. Je crois que c'est important dans un show d'humour d'avoir une sorte de sincérité, de croire en ce qu'on dit sans pour autant dévoiler son intimité. Sur le divorce par exemple, j'ai reçu beaucoup de lettres de jeunes qui me demandaient des conseils. Je me suis dit que c'était peut-être mon rôle de parler de ce genre de sujet. Et j'ai aussi des courriers très sympas de parents qui me disent qu'ils étaient venus accompagner leurs enfants, mais qu'ils reviendront parce que ça leur a plu.* » Symboles de l'éclatante réussite de Kev Adams, les nombreuses personnalités amies qui sont venues le saluer sur la scène du Zénith à Paris et l'honorer de leur présence. Le 26 décembre 2014, Gad Elmaleh et Cyril Hanouna viennent mettre le feu durant le show *Voilà Voilà*. Le lendemain, les spectateurs auront droit aux arrivées sur les planches de La Fouine et de Rayane Bensetti. Pour l'ultime soirée du 28 décembre, Black M, le rappeur et grand copain de Kev, la chanteuse Shy'm, le comique Ahmed Sylla et l'ami Bensetti célèbreront avec la vedette de *Soda* ces trois « magic shows » !

Partout dans l'Hexagone, Kev déchaîne les passions. Mathilde Brun, une jeune admiratrice de l'humoriste, assiste à son spectacle au mois de janvier 2014 dans la grande salle du Palestre, au Cannet, et nous livre son témoignage : « *Pendant près d'une heure et demie, "le seul humoriste qui a pris trois centimètres entre son premier et son deuxième spectacle", comme il le dit, a enflammé les 3 000 spectateurs. Il mêle ses histoires personnelles avec des sketchs à tomber par terre et aussi des chorégraphies très rythmées. Kev nous a même fait découvrir ses talents de chanteur avec la chanson* Les enfants de divorcés, *à laquelle Corneille a collaboré. L'ambiance était folle ! Durant toute la soirée, on entendait des "Kev, on t'aime !" Il a su conquérir tout le public, avec ses vannes qui parlent à tous les adolescents, mais aussi aux pré-adultes !* » Mathilde ajoutera sur son blog : « *Jamais en manque d'imagination, l'artiste a beaucoup échangé avec les spectateurs. Notamment en faisant participer le public avec une zumba géante. Et pour clôturer le spectacle, il a même fait un tour de salle, de quoi développer son capital sympathie qui était pourtant au sommet. Après* Voilà Voilà, *les fans de Kev Adams sont donc ressortis tout sourire de cette soirée.* »

De son côté, Gwendoline, une autre passionnée par l'univers et l'humour de Mister Kev, a vu *Voilà Voilà* cinq fois ! À Châteauroux, dans la chambre de cette fan de dix-sept ans, les murs sont tapissés de posters de la vedette préférée des enfants, juste derrière le chanteur Stromae. Au pied de son lit, la lycéenne a posé tous les journaux où Kev Adams est en couverture. Dans son armoire, les T-shirts à l'effigie de l'humoriste ont été soigneusement pliés et rangés. Mais Gwendoline reste loin du cliché de l'adolescente hystérique, hurlant à la moindre vision de son idole. Même si elle n'a pas hésité à faire le voyage à Limoges, Tours ou Lyon pour applaudir Kev dans *Voilà Voilà*. Pour la maman de Gwendoline, « *tant que cela ne nuit pas à ses résultats scolaires, c'est une passion qui me convient* ». Gwendoline s'est entichée de Kev Adams devant la télévision : « *Cela fait quatre ans qu'on a découvert Kev. Avec ma cousine, on a regardé* The Young Man Show *et j'ai tout de suite eu envie de le revoir en boucle...* » L'adolescence, les relations avec les parents ou les cours au lycée : autant de thèmes qui ont séduit Gwendoline, mais pas au point de tomber amoureuse du comique. « *Pas encore*, avoue-t-elle en riant. *Il y a des fans qui sont bien pires que moi et sont totalement raides dingues de Kev ! Mais je ne passe pas une journée sans écrire un tweet ou mettre un commentaire sur Facebook à son sujet.* » Lorsqu'elle s'est aperçue que la ville de Châteauroux ne figurait pas dans le programme de la tournée *Voilà Voilà*, Gwendoline et ses amis, fans comme elle, ont lancé une pétition ! Résultat : Kev Adams et ses producteurs ont opéré un détour par Châteauroux où l'artiste présenta son one-man-show, au début de l'année 2014 dans la salle Match 36. Ce soir-là, Gwendoline se trouvait au premier rang et a eu droit à une discussion “cool”, avec Kev backstage, à la fin du spectacle. Selfies, autographes et bisous en prime ! Pour ce *Voilà Voilà* tour, Kev Adams avait beaucoup de nouvelles choses à raconter depuis *The Young Man Show*. Des histoires, des faits de vie qu'il tenait à partager en communauté. Avec ses milliers de fans, ceux qui l'adorent à la télé, qui le suivent sur les réseaux sociaux ou ceux qui rêvaient de le voir en chair et en os. Le vrai Kev Adams, celui qui tchatche comme eux avec ses « kif », « bâtard », « grave » ou « lol », en guise de ponctuation. Mais le « monsieur 100 000 volts » de la blague a évolué. Dans *The Young Man Show*, il jouait avec un T-shirt, arborant un insolent « I love Kev Adams ». Dans *Voilà Voilà*, il annonce : « *C'est fini, c'est du passé, c'est derrière moi !* » Avant de se retourner pour laisser apparaître dans son dos : « I love KA » ! La salle est aux anges, conquise d'emblée et prête à enchaîner les éclats de rire, les cris, les applaudissements ou les interpellations de l'idole. Dans le quotidien régional *Le Maine Libre*, au lendemain d'un gala de Kev Adams au Mans, on peut lire au début du mois de décembre 2014 : « *Le Kev de dix-sept ans n'a pas changé. Il a simplement grandi. Il parle alors de sujets du moment. De ceux qui l'ont touché, marqué et qu'il a vécus ces dernières années… Avec tact, parfois émouvant, mais toujours avec humour, il fait mouche. Il n'hésite pas à improviser avec le public. Il se révèle dans cet exercice à l'occasion d'un sketch sur les prénoms, rebondissant avec une facilité épatante.* » Après son stand-up dans la grande salle de l'Antarès, au Mans le 2 décembre 2014, Kev postera sur son compte Twitter : « *Une des plus belles dates du* Voilà Voilà *Zénith Tour avec mes amis un peu fous au Mans… Love* ». Face au public manceau comme face à celui de toutes les nombreuses villes qu'il a traversées pendant cette tournée, Kev Adams a montré différentes facettes de sa personnalité. Il fait l'humoriste, mais il adore pousser la chansonnette. Avec son rap de l'écureuil, un irrésistible numéro en rapport avec son voyage à New York et ses balades dans Central Park, il renverse les spectateurs. Avec ses questions faussement existentielles comme « À quoi servent les sourcils ? », il touche sa cible et rappelle le fameux « D'où vient le vent ? » de Michel Boujenah dans les années 1980. Quand il se met dans la peau de son jeune frère Lirone, il force le respect. Il crée même l'émotion lorsqu'il explique à son cadet la différence entre grandir et vieillir : « *Quand on grandit, tout est possible. Et quand on vieillit, c'est quand malheureusement, il y a de plus en plus de choses qui deviennent impossibles.* » Et il casse la baraque avec la savoureuse imitation de sa mère Nathalie et de ses fameuses phrases : « Il faut qu'on parle » ou « Ma patience a des limites ». Sur la tournée *Voilà Voilà*, Kev a d'ailleurs souvent invité sa mère et ses frères à le rejoindre sur scène, histoire de partager avec eux ces inoubliables instants de vie. Comme si le gamin de la rue Botzaris et de Neuilly-sur-Seine se sentait dans l'obligation familiale d'offrir un moment de gloire à ses parents et sa fratrie, ainsi qu'il le confia à *Paris Match* le 13 mars 2014 : « *Oui, ils viennent souvent. Mon père aussi, mais de son côté. Mon frère Noam, à dix-huit ans, est plutôt dans sa période "je reste avec mes copains". Il vient souvent à la maison, on discute longtemps, tard le soir. Il a un peu de mal pour venir à mes spectacles, mais la raison de cette difficulté est simple : nous nous ressemblons comme deux gouttes d'eau et, lorsqu'il s'assoit dans la salle, tout le monde croit que c'est moi ! Quand Lirone, le plus jeune, vient me rejoindre avec notre mère, je le fais toujours monter sur scène à la fin. Vous n'imaginez pas la joie profonde que ça lui procure ! Je crois que lui ne pense pas à Leonardo DiCaprio, mais qu'il aura aussi envie d'être dans la lumière. Et moi, j'encouragerai toujours mon petit frère à rêver. Il n'y a rien de plus beau* », a raconté Kev Adams dans l'une de ses interviews, quelques jours avant l'un de ses trois shows au Zénith de Paris, à la fin du mois de décembre 2014.

Voilà Voilà a attiré plus de 400 000 spectateurs depuis le mois de septembre 2013, se hissant dans le top 3 des shows humoristiques de ces deux dernières années, avec celui de Gad Elmaleh et le one-woman-show de Muriel Robin. Un véritable exploit pour cet « enfulte », conscient de son statut particulier, comme il le signifiait déjà à l'hebdomadaire *Paris Match*, au mois d'octobre 2011 : « *Je n'ai plus la vie d'un mec normal. À vingt ans, on se cherche un appart', on se pose avec une meuf, on va passer son permis. Je n'ai pas le temps de faire tout ça. D'un autre côté, j'ai réalisé mon rêve. J'ai joué dans des festivals fermiers où les gens ne me regardaient même pas. J'ai aussi fait des caves, des anniversaires pour des gamins de dix ans. J'ai dû passer sans mentir quatre cents castings et je n'ai jamais été pris ! À la base, je voulais faire du cinéma, mais je suis devenu drogué du public. Mais je reste réaliste : je sais comment ça marche et encore plus pour les jeunes, qui changent d'idole comme de chaussettes.* » Pour l'instant, les fans n'ont pas changé d'idole. Le voyage doré du *Voilà Voilà* Zénith Tour, qui aura connu une première apothéose cathodique le 11 juin à Marseille en direct sur M6, n'a pu que rassurer cet éternel angoissé.

La véritable inquiétude de Kev Adams : que son succès s'essouffle aussi rapidement qu'il n'a jailli. Le triomphe de *Voilà Voilà* et du reste (*Soda*, *Les Profs*, *Fiston*) semble démontrer le contraire. La « kevmania » paraît ancrée pour une longue période, n'en déplaise aux plus virulents détracteurs du jeune humoriste. Certains ne voyaient (et ne voient toujours) en lui qu'un simple huluberlu, juste capable de s'adresser à la génération des dix-quinze ans en tablant sur les codes, le langage et les usages de cette communauté, quitte à trop user le filon, dans le rôle du copain-bouffon. Avec *Voilà Voilà*, Kev est parvenu à s'adresser à tout le monde, en axant son deuxième spectacle sur les conflits intergénérationnels. En mixant les blagues adolescentes, les sketchs de situation mettant face-à-face parents et enfants ou les numéros musicaux à couper le souffle, comme le rap de l'écureuil ou la danse du cerf. Mais il ne renie rien pour autant, comme il l'a affirmé dans un entretien à l'Agence France Presse à la fin du mois de décembre 2014 : « *Je n'ai pas du tout honte d'être l'humoriste des enfants ou des ados, bien au contraire, c'est un public génial…* »

Kev Adams est intelligent et réaliste. Il doit tourner doucement mais sûrement ce glorieux chapitre de son vertigineux parcours pour enchaîner sur le suivant. Une nouvelle route, déjà bien entamée, qui devrait rimer avec le septième art.

VII

LE « YOUNG MAN » AU CINÉMA

17 avril 2013. Le réalisateur Pierre-François Martin-Laval, plus connu sous le surnom de PEF en tant qu'ancien membre de la troupe comique Les Robins des Bois, vit une journée stressante. C'est la date choisie par le distributeur UGC pour la sortie de son troisième film, *Les Profs*. En adaptant la bande dessinée éponyme de Pica et Erroc, PEF risque gros, ainsi que son jeune producteur Romain Rojtman. Ses deux premiers longs métrages, *Essaye-moi* en 2006 et *King Guillaume* en 2009, n'ont pas vraiment attiré les foules, avec 500 000 spectateurs pour le premier et à peine 205 000 pour le second. Pour *Les Profs*, le cinéaste a bénéficié du budget conséquent de 12 millions d'euros. Autant dire que l'enjeu est de taille : il faudrait attirer au minimum 1 million de personnes dans les salles pour rentabiliser l'investissement. Et permettre à PEF de poursuivre sa carrière de metteur en scène, car trois échecs ou demi-succès dans l'industrie du septième art représentent un lourd handicap pour la suite. Hormis Christian Clavier dans le rôle du professeur de mathématiques, Isabelle Nanty dans celui de la prof' d'anglais et quelques seconds rôles comme François Morel, Dominique Pinon ou Pierre-François Martin-Laval lui-même, le casting est essentiellement constitué de jeunes acteurs inconnus. Pour le rôle principal chez les élèves, PEF et la production ont résolument misé sur Kev Adams. Avec le personnage du cancre au lycée Jules Ferry, l'humoriste décroche son premier grand contrat au cinéma. Il n'a vingt et un ans que depuis

une dizaine de jours lorsque démarrent, le 13 juillet 2012, les prises de vues de cette comédie populaire et plutôt réussie, tournée pendant neuf semaines entre l'Essonne, les Yvelines et le Val d'Oise. Avec cette adaptation de la BD de Pica et Erroc, créée en 1998 dans *Le Journal de Mickey* et dont les albums se sont vendus à près de 5 millions d'exemplaires, PEF a songé au célèbre film de Claude Zidi, *Les Sous-doués*, sorti en 1980, qui avait propulsé Daniel Auteuil au sommet du box-office : « *C'est un de mes films cultes, car il redonne de l'espoir à tous les élèves qui ne brillent jamais. Même si les élèves sont nuls, ils peuvent réussir à écouter et à se concentrer en cours si un prof séduit grâce à sa nature et à son approche atypique de l'enseignement. C'est en tout cas l'humble message que j'avais envie de faire passer dans mon film* », a expliqué Pierre-François Martin-Laval lors d'une rencontre avec la presse au moment de la sortie de ce film. L'ex-membre des Robins des Bois a tout de suite choisi Kev Adams pour le rôle de Boulard, le lycéen nul du lycée Jules Ferry : « *J'avais vu Kev sur scène et c'est mon producteur Romain Rojtman qui me l'a fait rencontrer. Kev adorait la bande dessinée et voulait absolument faire partie de l'aventure. C'est en travaillant autour de la table avec lui, au sujet de son personnage, que je me suis rendu compte qu'il fourmillait d'idées et qu'il rebondissait parfaitement bien sur les scènes que je lui faisais lire. Il trouvait parfois la chute des séquences à ma place ! Je suis très fier de lui et il nous a prouvé qu'il était un très bon acteur.* »

Le scénario ne pouvait que plaire à Kev. Avec 12 % de réussite au baccalauréat, le lycée Jules Ferry est le pire établissement de France. Même les meilleurs enseignants ont lamentablement échoué. La dernière chance de sauver le « bahut » est de recruter une équipe pour le moins originale : aux pires élèves, il faut réserver les plus mauvais professeurs ! Une approche selon une logique audacieuse qui va rapidement séduire les lycéens, malgré le mécontentement légitime de leurs parents… Pour Kev, ce scénario et ce rôle ressemblent à une évidence, comme il le déclare dès la sortie du film en salles : « *J'étais fan de la BD quand j'étais petit ! Très vite, PEF m'a permis de retravailler le rôle de Boulard avec lui. Au départ, c'était un tout petit personnage auquel on a donné davantage d'envergure. Boulard, c'est quelqu'un que j'aime beaucoup parce qu'il ressemble à pas mal de jeunes d'aujourd'hui : c'est un branleur qui aime bien déconner, mais ce n'est pas un méchant garçon. Il déteste l'école et quand il voit les nouveaux profs débarquer dans son lycée, il considère cela comme une embellie ! Il se dit qu'il va enfin pouvoir profiter de son année scolaire, alors qu'il s'ennuyait ferme jusque-là. C'est donc un jeune homme très moderne, ancré dans la société actuelle. Mais je pense que c'est un jeune un peu hors du temps, qui pourrait appartenir aussi bien aux années 1990 qu'aux années 2020…* » Quand on demande à Kev s'il s'est un peu reconnu dans ce Boulard, à la fois cancre, attachant et incontrôlable, il répond : « *Bien sûr ! Pour autant, je ne suis pas aussi glandeur que lui puisque je travaille beaucoup. Mais plusieurs aspects du personnage m'ont rappelé ma scolarité, comme les matières qui ne m'intéressaient pas ou mes retards réguliers en cours ! J'ai pris du plaisir à l'interpréter car je me disais que j'aurais adoré jouer un tel personnage à l'école : un type qui va au bout du je-m'en-foutisme ! Autant dire que c'était jouissif ! En plus, c'était un vrai bonheur pour moi le quasi-débutant de tourner avec de grands acteurs comme Pierre-François Martin-Laval, Christian Clavier ou Isabelle Nanty. J'ai grandi avec les films de Clavier, avec le Splendid, en plus il était au lycée Pasteur à Neuilly-sur-Seine comme moi, alors me retrouver du jour au lendemain avec lui sur le plateau à écouter ses conseils, c'était un rêve de gosse ! Quant à Isabelle Nanty, c'est pour moi l'une des meilleures comédiennes françaises et elle s'est révélée la femme la plus gentille du monde !* »

Il est vrai qu'avant cette comédie « lycéenne » dans la lignée des *Sous-doués* de Claude Zidi, mais aussi d'autres films à succès comme *P.R.O.F.S*, avec Patrick Bruel et Fabrice Luchini en 1985, *L'élève Ducobu* ou *Les Choristes*, Kev Adams n'avait que rarement fréquenté les plateaux cinématographiques. On se souvient de ses premiers pas enfantins en 2000 dans *Cours toujours* de Dante Desarthe (il n'avait que neuf ans), un peu de figuration en 2009 dans *LOL* de Liza Azuelos et d'une expérience plutôt malheureuse en 2011 avec le long-métrage de Jennifer Devoldère, *Et soudain, tout le monde me manque*. Kev jouait son propre rôle dans une scène aux côtés de l'héroïne Mélanie Laurent... mais sa prestation fut coupée au montage par la réalisatrice ! « *J'avais invité des membres de ma famille et des copains pour qu'ils me voient enfin, dans une vraie séquence sur grand écran, et rien du tout ! La loose totale, la honte de ma vie...* » confia l'humoriste lors de la tournée de promotion des *Profs*.

En débarquant dans l'univers du 7e art, Kev Adams est aussi confronté aux langues de vipères et aux plumes trempées dans l'acide de certains critiques. Certes, le journaliste Albert Sebag exprime son opinion positive dans l'hebdomadaire *Le Point* du 25 avril 2013 : « *Voulez-vous oublier la morosité de l'époque et son lot de nouvelles lexomilisantes ? Alors, faites le plein de pop-corn salés, de sodas chimiques américains et prenez un ticket pour* Les Profs... *C'est une sorte de remake des* Sept samouraïs *mais la comparaison s'arrête là. Le proviseur désespéré va faire appel aux sept profs les plus nuls de France. Ce sera la Bérézina. Sauf pour le spectateur, qui se gondole devant cette pochade bon enfant.* »

D'autres médias ont la dent beaucoup plus dure. En titrant « Les profs : au piquet », le quotidien populaire *Le Parisien*, d'habitude clément avec les productions grand public, estime que « *ces* Profs *et leurs élèves, dont Kev Adams, l'idole des ados, ne méritent vraiment pas la moyenne...* » Dans *Télé Obs*, Guillaume Loison considère que « *le film n'oublie aucune figure imposée mais échoue à les renouveler. Un film minuscule qui fait le maximum !* »

Quant à *Télérama*, il juge qu'*« on révise les clichés de la comédie ringarde, style* Les Sous-doués. *Claude Zidi l'avait tournée il y a trente ans, déjà.* »

Le même jour que *Les Profs*, une autre comédie sort sur les écrans, coécrite et interprétée par Max Boublil, un humoriste un peu plus âgé que Kev Adams mais qui touche la même cible que lui. Il s'agit du film *Les Gamins* d'Anthony Marciano, avec Alain Chabat et Sandrine Kiberlain. Les critiques sont dithyrambiques et les spectateurs viennent en masse (1,8 million de tickets vendus). Mais que dire face au véritable triomphe surprise des *Profs* ? En une semaine, le film de Pierre-François Martin-Laval a attiré 1 million de personnes ! Au final, ils seront 4,3 millions à le voir, soit plus de 27 millions d'euros de recettes. Une affaire en or pour le distributeur UGC, le jeune producteur Romain Rojtman, et le metteur en scène PEF. Sans oublier un joli rebond pour Christian Clavier, qui souffrait d'une traversée du désert, après plusieurs bides consécutifs comme *Le Prix à payer*, *L'Auberge rouge*, *La Sainte Victoire* et, surtout, le cuisant échec d'*On ne choisit pas sa famille* qu'il avait lui-même réalisé et joué, aux côtés de Jean Reno et Muriel Robin. Bien entendu, le mieux loti à la fin de l'aventure est Kev Adams lui-même, qui fait une entrée tonitruante dans le club des acteurs « bankables », à vingt et un ans seulement ! Après cinq semaines d'exploitation, *Les Profs* ont franchi la barre des 3,5 millions d'entrées, soit seulement 500 000 entrées de moins que l'énorme superproduction hollywoodienne *Iron Man 3*, avec Robert Downey Jr. Pour de nombreux professionnels et spécialistes du cinéma, cette success story des *Profs* serait principalement due à la très grande popularité de Kev Adams, qui aurait attiré sur son seul nom des centaines de milliers d'adolescents dans les salles obscures. Quelle belle revanche pour celui qui se faisait recaler à tous les castings quelques années auparavant !

Lors du Festival de Cannes en mai 2013, toute l'équipe des *Profs* vient fêter l'évènement en montant les légendaires marches du tapis rouge et pose devant les centaines de photographes accrédités. Sous les hurlements et les vivats des fans de Kev qui vit un rêve éveillé ce 23 mai 2013. Invités le soir dans l'émission de Canal +, *Le Grand Journal*, alors présentée par Michel Denisot et Daphné Burki, Kev Adams et Pierre-François Martin-Laval « dynamitent » le talk-show, installé sur la Croisette. À la fin de leur interview, face à un public très chaud et de plus en plus déchaîné, stimulé par les blagues du héros des *Profs*, le duo PEF-Kev Adams décide de frapper un grand coup. Sans avoir prévenu personne, ils se jettent, tout habillés en smoking, dans les eaux de la Méditerranée depuis le ponton de la plage ! Une séquence mémorable qui tournera en boucle au zapping et sur les réseaux sociaux, rappelant les plus belles heures du *Grand Journal* de l'époque Philippe Gildas, Antoine de Caunes et José Garcia. En un seul film, Kev obtient son ticket d'admission dans la liste des 50 acteurs les plus rentables de l'année 2013, calculée entre le budget du long-métrage, le cachet du comédien et le nombre de tickets. Récompensé par le public, mais aussi par les prestigieux Trophées du *Film français* (la bible hebdomadaire de tous les professionnels du septième art) le 4 février 2014 lors d'une grande soirée au palais Brongniart, *Les Profs* sera le plus grand succès commercial français de 2013 et la seconde production la plus rentable. Ironie du sort ou signe du destin ? L'un des sketchs les plus appréciés par les fans s'appelle… *Les Profs* ! Kev Adams l'avait créé dans son premier spectacle *The Young Man Show* et sa satire du professeur d'allemand était irrésistible. Il l'affublait d'un accent germanique à la sauce Kev bien sûr : « *Bonjour, je m'appelle Wolfgang de Requin. Si je veux vous enseigner l'allemand aujourd'hui, c'est pour vous apprendre la langue de Goethe, Wagner, Werner ou encore Claudia Schiffer !!! L'allemand est un langage qui se prononce de manière vomitive. C'est-à-dire qu'il faut "vomir" pour parler allemand. Vas-y toi, vomis, mais vas-y vomis ! Mais vomis te dis-je !* [en s'adressant au public] » Un sketch qui a rapidement inondé les cours des collèges et des lycées.

Grâce à une pépite d'or massif comme *Les Profs*, UGC et le producteur Romain Rojtman signent pour une suite. Tourné à partir du mois de janvier 2015, entre la Grande-Bretagne et la Belgique pendant quarante-cinq jours, *The Profs 2* réunit la même équipe, hormis Christian Clavier qui a été remplacé par le désopilant Didier Bourdon. Reprenant son rôle du cancre Boulard, Kev aurait perçu un cachet de 500 000 ou 200 000 euros selon les sources, mais avec un intéressement sur les entrées. « *Grâce au triomphe des* Profs, *mais aussi au beau succès de* Fiston *en 2014 et à sa grande popularité avec ses spectacles ou sa série* Soda, *Kev Adams joue réellement dans la catégorie des acteurs commerciaux et attractifs, ceux que les exploitants, les distributeurs et les chaînes de télévision adorent*, confie un collaborateur d'UGC. *Ce n'est d'ailleurs pas pour rien si TF1 Films Production, la puissante filiale cinéma du groupe TF1, coproduit* The Profs 2. *Aujourd'hui, Kev Adams peut obtenir des ponts d'or et il aurait tort de ne pas en profiter…* »

Pour défendre ses intérêts, concrétiser ses futurs projets sur grand écran et signer les meilleurs contrats, Kev Adams a choisi l'agence UBBA (Une Bien Bonne Agence), l'une des plus performantes de la place de Paris depuis une dizaine d'années. Avec une « écurie » d'artistes prestigieuse puisqu'on y retrouve, entre autres, Dany Boon, Guillaume Canet, Albert Dupontel, Benjamin Biolay, Guillaume Gallienne, Jean-Paul Rouve, Christophe Lambert, Pascal Légitimus, Didier Bourdon, Pierre-François Martin-Laval, Fanny Ardant, Zabou Breitman, Mélanie Doutey, Diane Kruger, Marina Foïs, Marie Gillain, Michèle Laroque ou Mélanie Laurent. Sans parler des très nombreux réalisateurs et scénaristes qui ont aussi choisi UBBA pour les représenter. Bref, tout le gratin cinématographique. Kev et Céline Kamina, son agent au sein d'UBBA, s'entendent comme larrons en foire. L'humoriste doit beaucoup aux qualités de négociatrice de Kamina qui lui obtient des deals extrêmement juteux pour un artiste de son âge. Si cette nouvelle comédie programmée dans les salles le 1er juillet 2015 s'intitule *The Profs 2*, c'est tout simplement en raison du scénario. Cette fois, les pires profs de France débarquent en Angleterre pour une mission ultrasecrète. En compagnie de Boulard, le roi des nuls, ils se retrouvent parachutés dans le meilleur lycée du royaume de Sa Gracieuse Majesté et vont appliquer leurs célèbres méthodes sur la future élite de la nation britannique. L'enjeu est énorme : de leur réussite, dépendra l'avenir du Royaume-Uni !

Dès le premier jour du tournage de *The Profs 2*, à Bruxelles, Kev a la joie d'apprendre que le DVD de son spectacle *Voilà Voilà* a été certifié DVD de platine avec plus de 150 000 exemplaires vendus. Quelques jours plus tard, il croisera dans les rues de la capitale belge Jamel Debbouze, l'une de ses références absolues avec Gad Elmaleh et le Québécois Michel Courtemanche chez les comiques. Les deux stars se sont alors assises afin de déguster ensemble des spéculoos, les gâteaux secs made in Belgium par excellence. Ni une ni deux, Kev et Jamel ont voulu partager leur moment de franche rigolade avec leurs nombreux abonnés sur la Toile, en postant une photo d'eux en toute décontraction avec la légende : « *À Bruxelles, on croise des grands artistes avec des petits gâteaux ! Bisous ! Il est où le Magnon ? Ça fait plaisir !* » comme pourront le lire les fans sur Twitter et Facebook.

Dès le début de la carrière de Kev Adams, le héros de la série *H* et du film *Astérix et Obélix : mission Cléopâtre* (qui attira plus de 14 millions de spectateurs dans les salles françaises en 2002 !) a cru en lui. Il l'invita d'ailleurs pour la première fois en 2011 au Marrakech du rire. Un grand show de l'humour avec une vingtaine d'invités que Debbouze produit dans son pays natal, avec le soutien de son ami le roi Mohamed VI et la chaîne M6, qui diffuse chaque année ce divertissement. Tous les ans, Kev fait donc le « pèlerinage » de Marrakech au mois de juin, et lors de la dernière édition en 2014, son sketch avec Jamel, où leurs deux chevelures s'imbriquaient sans pouvoir se séparer, déclencha un tonnerre d'applaudissements et de fous rires chez le public marocain. Dans le milieu du grand écran, il se murmure que des producteurs songeraient à associer Gad Elmaleh, Jamel Debbouze et Kev Adams dans une grande comédie d'aventures à la sauce méditerranéenne en 2016. Un projet de film délirant, pour l'instant top secret, dans lequel d'autres humoristes comme Michaël Youn, Ary Abittan, Cyril Hanouna ou Tomer Sisley pourraient aussi se greffer. Tomer Sisley, l'acteur franco-israélien devenu une vedette de cinéma avec les films *Largo Winch* et *Largo Winch 2* en 2008 et 2011, fait aussi partie des acteurs désormais proches de Kev. Comme lui, il vient de la scène et malgré la différence d'âge (Tomer a quarante et un ans), les deux hommes entretiennent une véritable amitié. Surtout depuis le tournage en Israël, au mois d'avril 2012, de la méconnue et délicieuse comédie d'espionnage *Kidon*, qui ne sortit en salles que le 14 mai 2014 dans une relative indifférence. Son réalisateur Emmanuel Naccache peut donc s'enorgueillir d'avoir été le premier metteur en scène, ayant confié un rôle d'envergure à Kev, puisque *Kidon* fut tourné avant *Les Profs* comme le rappelle le cinéaste : « *C'est vrai que Kev Adams a aujourd'hui une carrière incroyable,* a raconté Naccache lors de la sortie du film. *C'est mon producteur Manuel Munz qui me l'a présenté. Le feeling est tout de suite passé avec lui et dans* Kidon, *il incarnait Antoine Simon, surnommé "Facebook", un hacker installé en Terre promise et spécialiste des arnaques aux cartes bancaires sur Internet. Un personnage geek qui lui ressemble beaucoup et dans lequel il a été tout de suite très bon. Tout comme "Facebook", Kev a un côté décalé par rapport à l'univers des adultes et cela m'avait tout de suite plu. On avait tourné à Tel Aviv, une ville qu'il connaît et qu'il aime, c'était au printemps 2012, quelques mois avant qu'il ne démarre* Les Profs. *C'était donc sa première grande participation à un long-métrage et je suis très fier de l'avoir eu dans mon film, qui était une coproduction franco-israélienne.* » Une inoubliable première expérience sur les plateaux cinématographiques pour Kev d'autant plus que, outre Tomer Sisley, Hippolyte Girardot et Lionel Abelanski, le jeune humoriste, alors âgé de vingt ans, avait aussi comme partenaire la splendide mannequin israélienne Bar Refaeli. L'ex-fiancée de Leonardo DiCaprio dans les bras de Kev, le temps d'une scène ! Rien que ça ! Leur collaboration sur *Kidon* déclencha une jolie complicité entre Kev et Bar. « *En tournage avec Kev Adams. J'essaie de parler français avec lui. Ce n'est pas possible !* » tweetera la top model. Un message qui ne laissera pas Kev insensible puisqu'il s'empressera de lui répondre : « *Actrice géniale ! Mannequin génial ! Fille géniale ! Je comprends à fond pourquoi tant de gens l'aiment ! C'est possible !* » Comme la superbe Bar semblait apprécier l'humour et la compagnie de Kev, une rumeur affola immédiatement le Net à propos d'un flirt entre la bombe Bar et le roi Kev. Info ou intox ? Lorsque, pendant le Festival de Cannes 2014, où il s'était rendu avec Tomer Sisley pour assurer la promotion de *Kidon*, on l'interrogea au sujet d'une prétendue amourette avec Bar Refaeli, la coqueluche des ados s'en tira par une pirouette : « *Oui, grave, bien sûr que j'ai réussi à la "serrer" Bar, mais il ne faut pas le dire ! Et je compte évidemment sur vous pour que cela reste entre nous !* » Au-delà de la boutade, nous savons de bonne source qu'il ne se passa rien sentimentalement entre la sculpturale Israélienne Bar Refaeli et le showman Kev, le destin a cependant sonné à la porte du héros de *Soda*. Lui, qui souhaita devenir acteur à l'âge de sept ans en assistant, émerveillé, à la prestation de Leonardo DiCaprio dans

Titanic, a donné la réplique à l'une des plus belles femmes de la planète et fiancée durant six ans, entre 2005 et 2011, de la superstar américaine. La « meuf supercanon » du keum qui avait déclenché sa vocation ! Si *Kidon* demeure un joli souvenir professionnel dans le parcours cinématographique de Kev Adams, ce film sur fond de Mossad et de règlements de comptes entre services secrets n'aura pas eu d'impact sur sa valeur au box-office des comédiens.

Celle-ci va, en revanche, décupler avec une autre comédie, tournée aux mois de février et mars 2013 dans la ravissante ville d'Aix-en-Provence et sa région, sous la direction du réalisateur Pascal Bourdiaux. Un metteur en scène au savoir-faire incontestable, à qui on doit *Le Mac*, avec José Garcia et Gilbert Melki, mais aussi la mise en scène de 500 épisodes de la série TV, *Un gars, une fille !* Le titre de ce long-métrage sorti dans les salles le 12 mars 2014 : *Fiston*. Sur le papier, le pitch est prometteur. Alex (joué par Kev) n'a qu'une seule obsession depuis l'âge de sept ans : séduire Sandra Valenti, la plus jolie fille d'Aix-en-Provence, campée par la ravissante Nora Arnezeder. Pour atteindre cet objectif, il va élaborer un plan infaillible en décidant de s'adjoindre les services d'Antoine Chamoine (campé par Franck Dubosc) qui, vingt ans auparavant, parvint à charmer la maman de Sandra. Avec ce duo inattendu, formé par Franck Dubosc et Kev Adams, le cinéaste Pascal Bourdiaux était convaincu d'avoir fait le bon choix : « *Je voulais former un tandem somme toute classique dans le cinéma : celui qui est fondé sur l'antagonisme de deux personnages différents, qui se rencontrent et vont vivre ensemble une aventure, tout en se rendant compte qu'ils ont finalement de nombreux points communs. Avec Franck Dubosc, j'avais le sentiment que nous pouvions créer un rôle qui tranchait avec ce qu'il faisait habituellement et je savais que c'était un gros bosseur, ultrasensible et toujours à l'écoute. Je connaissais moins Kev, qui avait été déjà pressenti par les coproducteurs*

Jean-Yves Robin et Élisa Soussan, deux personnes proches de lui, avec qui il travaillait déjà, pour ses spectacles et sa série télé. J'ai donc regardé les premiers épisodes de Soda. *C'était son vrai premier grand rôle en tête d'affiche au cinéma, car dans* Les Profs, *c'était un peu un film-chorale. Et dans* Fiston, *on le voit dans toutes les séquences. Je peux dire aujourd'hui que Kev a été une véritable découverte. Ce garçon est un comédien-né, qui percute très rapidement et qui a une présence rare pour un jeune homme de son âge. Je me souviens qu'il a beaucoup stressé le premier jour de tournage et qu'il n'avait pas dormi la nuit précédente tellement il était inquiet. Mais cela ne s'est pas vu ! Au contraire, j'ai vraiment eu le sentiment d'assister à la naissance d'un grand acteur. Et le fait que Kev et Franck viennent tous les deux de la scène a représenté une force de propositions que j'ai adorée. Dès la lecture du scénario que nous avions faite avec mon coscénariste Daive Cohen et les principaux comédiens pendant trois jours, Kev Adams et Franck Dubosc ont commencé à nous suggérer des idées qui ont renforcé notre histoire. C'était la même chose pendant les prises de vues. Franck proposait des vannes à Kev et Kev rebondissait de plus belle ! Ce partage sincère entre eux deux, sans le moindre problème d'ego, était forcément enrichissant, d'autant plus que cela nourrissait leurs personnages. Et je me rappelle que leurs déconnades permanentes avaient créé une ambiance très joyeuse sur le plateau !* » De son côté, Franck Dubosc conserve lui aussi un excellent souvenir de sa collaboration avec Kev : « *Il ne m'a jamais fait sentir que j'étais son aîné, sauf de façon très positive quand il m'écoutait en tant qu'artiste. Et Dieu sait combien ce garçon est à l'écoute, qu'il a soif d'apprendre et que c'est sa grande force. Et je n'ai jamais eu une attitude avec lui qui ressemblerait de près ou de loin à du paternalisme. J'ai plus ressenti le côté mature, expérimenté, que le côté papa. Dans ma tête, je suis encore un gamin, je doute beaucoup et c'est parfois Kev qui me rassurait. Quand quelqu'un est à votre écoute comme il l'était, on ne se sent pas du tout supérieur, on se sent aimé. Mais Kev Adams est hallucinant de perfectionnisme. Il connaît déjà un énorme succès et il en veut plus. Il a raison, car il a encore le temps de monter bien plus haut. Après, il faudra rester au sommet. Kev est en même temps d'une grande fraîcheur, il vit les yeux écarquillés, c'est important. Quand je le vois, je repense à mes débuts, cela dit sans nostalgie. Au contraire, il m'a donné de la vigueur sur le tournage de* Fiston, *comme s'il prolongeait mon envie de réussir. Cela se ressent dans le film* », raconta le héros et coscénariste de *Camping* lors de la promotion de cette comédie. Très rapidement, l'aîné Dubosc s'est senti des affinités avec ce junior surdoué : « *Nous partageons le même sens de la rigueur, à un point extrême. Quand vous faites de la scène, vous savez que chaque détail compte, que rien n'est jamais acquis et qu'il faut plaire au public. Alors qu'il est très jeune et qu'il pourrait se comporter en dilettante, Kev Adams sort en fait du même moule que moi : c'est un bosseur acharné. On a discuté du texte de* Fiston *en amont du tournage, mais sans jamais imposer notre point de vue. Lui comme moi, nous avions des propositions en tenant compte de l'avis de chacun, Kev assurant un peu plus sur la partie "jeune" du film, moi un peu plus sur le rythme. Sur le plateau, il nous arrivait aussi d'improviser durant les répétitions de certaines scènes. On gardait ou on jetait ce que nous venions d'inventer, selon ce que le réalisateur Pascal Bourdiaux en pensait… J'ai beaucoup aimé travailler avec Kev, ce fut à la fois une aventure artistique et une découverte sur le plan humain.* »

Pour Kev Adams, *Fiston* a représenté un véritable moment d'émotion dans sa vie. Un « choc » positif qu'il n'oubliera jamais. Le premier jour du tournage, il se met à sangloter de joie dans la voiture qui l'emmène sur le plateau à Aix-en-Provence. « *Petit, j'ai eu peur de jamais faire de films et tout cela s'est bel et bien produit. Il y a eu un truc qui m'a bouleversé à cet instant-là. J'adore la scène, avec cette possibilité unique de pouvoir parler directement aux gens, c'est une drogue. Mais je voulais être acteur bien avant de penser à devenir comique. Je rêve de cinéma depuis que je suis enfant, car le cinéma, c'est magique !* » avouait Mister Kev dans un entretien au quotidien suisse *Le Matin* au mois de mars 2014, à l'occasion de la tournée de promotion de *Fiston*. Comme il le raconta lors d'une interview à la même période pour le dossier de presse du film, la coqueluche des ados a immédiatement ressenti le besoin de participer à ce projet : « *Quand j'ai lu le scénario, j'ai tout de suite voulu tourner ce film. D'abord parce qu'il s'agissait d'un rôle écrit un peu sur mesure pour moi par Daive Cohen avec qui je bosse depuis quelques années. J'y retrouvais exactement ce que j'avais envie de faire au cinéma : incarner quelqu'un mal dans sa peau, qui est à la recherche de son identité et qui va finir par la trouver. La seconde raison pour laquelle j'ai été emballé, c'est que j'avais envie de me confronter à un acteur installé dans le paysage du cinéma français pour créer un vrai choc de générations. J'ai toujours adoré les duos comiques au cinéma, notamment celui formé par Gérard Depardieu et Pierre Richard. Des comédies comme* La Chèvre, Les Fugitifs *ou* Les Compères, *cela a marqué mon enfance. Et puis, c'était très motivant de me retrouver face à Franck Dubosc. Il a beaucoup d'expérience, alors que je suis un très jeune comédien. Il m'a beaucoup appris, j'étais friand de toutes ses anecdotes et très attentif sur ce qu'il pouvait dire au sujet de nos scènes en commun.* » Considéré comme un « beau gosse » de la scène humoristique, Kev n'a aucunement hésité à s'enlaidir pour les besoins de son personnage Alex qui, certes, s'arrange au cours du récit, mais part avec de sérieux handicaps. Pour lui, ce fut même le plus agréable des challenges, quitte à surprendre son public féminin et ses nombreuses fans : « *Je suis humoriste et cela m'est complètement égal de m'enlaidir ou d'être ridicule. Au contraire, plus je suis moche, plus je trouve ça drôle ! Je ne me trouve pas particulièrement beau, donc il me semble que Pascal Bourdiaux n'a pas eu beaucoup d'efforts à faire pour me rendre laid : une sale coupe de cheveux, quelques boutons bien placés en pleine face et le tour était joué. Et puis, quand vous êtes moche, cela vous ôte toute inhibition face à la caméra. Est-ce que je suis bien, est-ce le bon angle, est-ce que ma peau brille ou pas ? Vous ne vous posez plus ce genre de questions, vous êtes moche, point. Il ne vous reste plus qu'à jouer et à tout donner...* » Durant le tournage, Kev Adams donne aussi la réplique à la craquante Nora Arnezeder, révélée en 2008 par le film *Faubourg 36* de Christophe Barratier et ancienne fiancée... de Gad Elmaleh ! Décidément, les ex de ses idoles se retrouvent dans les bras du roi Kev. Après Bar, donc, place à Nora. Ils interprètent dans *Fiston* une séquence romantique avec un langoureux baiser à la fin, aussi la rumeur se répand comme une traînée de poudre : Kev et Nora se kifferaient ! Plutôt que de nier ou de confirmer la nouvelle, le héros des *Profs* préfère brouiller les pistes lors d'une interview à la radio Skyrock pendant le lancement de la comédie en février 2014 : « *Secret défense, maintenant elle sort avec l'acteur Orlando Bloom ! La vérité, c'est qu'il y a juste eu deux ou trois bisous en dehors des plateaux, un truc de tournage, pas un truc de vrais sentiments. Je me suis convaincu que, pour le rôle, il fallait que je la kiffe, évidemment au bout de deux jours, j'avais vraiment envie de l'embrasser !* » Mais un des trois producteurs exécutifs de *Fiston*, préférant conserver l'anonymat, nous livre son opinion, plus tranchée sur le sujet : « *Kev Adams a vraiment eu le béguin pour Nora Arnezeder et il y a eu un flirt entre eux, voire peut-être plus, mais je ne me cachais pas dans leurs chambres d'hôtel à Aix-en-Provence. Cela aurait duré plusieurs semaines, même s'ils faisaient preuve d'une totale discrétion. Dans l'équipe, tout le monde le savait, mais on se doutait pourtant que cela ne durerait pas. On avait l'impression qu'il était réellement sous le charme de Nora, alors que de son côté, elle semblait surtout l'apprécier. Il la faisait beaucoup rire par son côté "je débute au cinéma et j'en profite un max !" En tous les cas, ils allaient bien ensemble, ils sont de la même génération, Nora n'ayant que deux ans de plus que Kev Adams.* » Au-delà de cette « love story », supposée, comme il en naît souvent sur les plateaux de tournage au cinéma, le film *Fiston* a représenté une première évolution dans la personnalité de Kev, comme il le souligna au cours de la promotion du long-métrage au mois de mars 2014 : « *C'est l'histoire d'un jeune homme, pas celle d'un adolescent. Enfin, il est dans une fin de crise d'adolescence, un peu tardive, mais il n'est plus sous l'autorité parentale et il est seul dans sa tête. On sent qu'il en veut à sa mère, qu'il a envie de lui parler mais qu'il ne le fera plus. Alex veut devenir l'homme qu'il a toujours rêvé de devenir, mais pour cela il doit régler son problème avec Sandra, la fille dont il est amoureux. Ce que j'ai pu raconter jusqu'à présent sur scène, par exemple, concernait strictement les problèmes d'ados, ceux des quinze-vingt ans.* Fiston *a davantage touché les jeunes adultes, car il est très rare qu'un adolescent reste épris de la même personne aussi longtemps, on est très volatile à cet âge-là. Le rêve de cette Sandra à qui il n'a jamais adressé la parole est plus un rêve d'adulte. Le film ne respecte d'ailleurs pas les codes du teen-movie dans lequel tout se termine bien d'habitude. Disons que* Fiston *est un film passerelle entre l'adolescence et l'âge adulte...* » Résultat : en dépit de quelques articles au vitriol, en particulier dans les journaux *Télérama*, *Le Parisien* ou *Le Monde* qui ne se privent pas « d'assassiner » allègrement le film de Pascal Bourdiaux, le tandem Franck Dubosc-Kev Adams rassemblera environ 2,5 millions de spectateurs en salles. Ce qui placera cette comédie dans le top 10 du box-office français en 2014, aux côtés d'autres vainqueurs du rire made in France comme *Les Trois frères – le retour*, *Les Vacances du petit Nicolas*, *Samba*, *Barbecue*, *Babysitting* ou *Supercondriaque*, mais très loin derrière le phénoménal *Qu'est-ce que j'ai fait au bon Dieu ?* et ses 14 millions de tickets vendus ! Ce nouveau succès au cinéma pour Kev Adams coïncide avec sa trajectoire de comédien. Il ne veut plus jouer l'éternel adolescent, régnant sur la planète « lol » dont les habitants seraient des kiffeurs en baskets. D'autant plus que *Fiston* ne ressemble pas à ce qu'on pouvait croire, ainsi que le souligne le site reviewer.fr le 14 mars 2014 : « *C'est plutôt une surprise :* Fiston *n'est pas la comédie balourde et convenue qu'on attendait, associant bêtement deux stars de l'humour français pour faire quelques entrées. Loin d'une farce à sketchs sans ambition, cette jolie histoire nous parle en fait des premiers amours d'enfance et surprend par son ton nostalgique acidulé. De* Fiston *se dégage indéniablement une certaine tendresse touchante, portée par des dialogues bien écrits et un Kev Adams à sa place…* » Un avis que partage *Le Journal du Dimanche* qui, sous la plume de Jean-Pierre Lacomme, juge que « *le film* Fiston *n'est pas la comédie débridée à laquelle les deux têtes d'affiches pourraient faire croire. Plutôt que sur des gags hilarants, le réalisateur mise sur l'émotion des rapports quasi filiaux entre le jeune homme et son mentor. Une option pas honteuse en soi…* » Et pour *Écran Large*, cette comédie « *s'appuie sur d'excellents dialogues, un comique de situation éprouvé et des seconds rôles délicieux* ». Parmi eux, Helena Noguerra, Laurent Bateau ou Alice Isaaz et aussi quelques proches de Kev Adams, comme son ami d'enfance Marvin Benhaïm dans le rôle d'un étudiant, son coauteur John Eledjam, Guy Lecluyse, le papa de Kev dans *Soda*, dans la peau d'un commissaire et Danièle Evenou avec qui le jeune humoriste s'entendit très bien lors de l'émission de France 2, *La Parenthèse inattendue*. Mais surtout la regrettée Valérie Benguigui, disparue au mois de septembre 2013 d'un cancer du sein. La comédienne, césarisée en février 2013 pour sa prestation dans *Le Prénom*, tenait le rôle de la maman de Kev Adams dans *Fiston*. Ce sera sa dernière apparition au cinéma. Kev conserve un souvenir ému de cette actrice, emportée par la maladie à l'âge de quarante-sept ans : « *Valérie était vraiment une femme formidable, quelqu'un de totalement amoureux de son métier. Elle était déjà malade et pourtant elle avait plus la pêche que n'importe qui d'autre sur le plateau, même quand on finissait nos journées à trois heures du matin. Le César du meilleur second rôle qu'elle venait de recevoir dans* Le Prénom *l'avait totalement libérée et avait donné une force inouïe à son jeu. Valérie était enfin reconnue et elle en éprouvait une joie et un plaisir très communicatifs. Elle est hilarante dans* Fiston *et j'ai eu beaucoup de chance de la rencontrer et de tourner avec elle* », évoqua Kev dans le dossier de presse de *Fiston*. Lors d'une avant-première, organisée au cinéma Le Grand Rex quelques jours avant la sortie, toute l'équipe, Kev en tête, rendit un vibrant hommage à celle qui leur manquait ce soir de fête. Des invitées people comme Malika Ménard, les animatrices TV Virginie Guilhaume et Laurie Cholewa ou la comédienne Anne Marivin avaient été conviées à la séance, afin de découvrir la rencontre Dubosc-Adams.

Comme toute nouvelle vedette du grand écran, Kev est choisi par les organisateurs de la cérémonie des Césars pour décerner le trophée du meilleur film d'animation et concevoir un sketch, en collaboration avec les auteurs de la grande remise des prix du cinéma français. Quand le vendredi 28 février 2014, Kev Adams apparaît sur la scène du théâtre du Châtelet devant les 2 500 personnes, la plupart en smokings et robes de cocktail, il sait que la partie ne va pas être facile. Le milieu du 7e art n'est pas réputé pour sa grande convivialité, a fortiori lors de ces immenses raouts. En dépit du triomphe des *Profs* et des pronostics de nouveau « carton » avec *Fiston*, prévu dans les salles deux semaines plus tard, Kev Adams n'a pas encore « la carte », comme on dit. Traduction : on le regarde, avec une certaine condescendance. Les « professionnels de la profession », pour reprendre la fameuse expression du réalisateur Jean-Luc Godard, se demandent qui est ce jeune électron libre, venu d'on se sait où, qui n'est pas le comédien fétiche des *Cahiers du Cinéma*, de *Positif* ou de *Télérama*, c'est le moins que l'on puisse dire ! Mais Kev Adams, du haut de ses vingt-deux ans, ne se démonte pas, malgré la difficulté de l'exercice. Il a imaginé un selfie, posant avec la maîtresse de cérémonie Cécile de France avec, derrière eux et en toile de fond, tout le gratin du grand écran réuni au Châtelet. Sans penser une seconde que deux jours plus tard, à Hollywood, la célèbre animatrice de télévision américaine Ellen DeGeneres aurait la même idée lors des Oscars qu'elle présentait. Avec un selfie de groupe exceptionnel retweeté près de 4 millions de fois, où elle se prenait en photo avec Brad Pitt, Jennifer Lawrence, Bradley Cooper, Kevin Spacey, Angelina Jolie, Meryl Streep, Julia Roberts, Jared Leto et Lupita Nyong'O, la révélation féminine du film *12 years a slave* !

S'il n'atteint pas les millions de partages de Ellen DeGeneres, la coqueluche des ados peut néanmoins se targuer d'avoir « *eu la même idée que les Américains* » comme il le confiait au micro de son ami Cyril Hanouna, dans l'émission *Les Pieds dans le plat* sur Europe 1, quelques jours après ces premiers Césars : « *Il faut aussi savoir quelque chose, c'est qu'au début, quand j'ai proposé le selfie aux producteurs, à l'académie des Césars, on m'a vraiment regardé en mode : "Mec, tu viens où, là ? Au club Mickey ou quoi ? C'est l'académie des César ici !" En fait, là où je suis content c'est que finalement, avec ce numéro qu'on s'est battus pour faire passer, qu'on a fait passer et que j'ai fait devant cette salle qui, croyez-moi, était la plus glaciale de l'histoire, c'est de voir que le dimanche aux Oscars, tout le monde le faisait et que, dans la salle là-bas, tout le monde se marrait. Cela leur prouvait que ce que j'avais fait n'était pas malpoli, c'était juste "Les gars, réveillons-nous, avançons un peu parce qu'on ne va pas rester québlo comme ça".* » Juste après avoir posté son selfie sur Twitter et Facebook, Kev avoue avoir reçu de nombreuses critiques : « *Le soir même des Césars, j'ai eu plein de messages de gens qui me disaient : "C'est très irrespectueux ce que tu as fait. Dans ce genre de cérémonie, on ne peut pas sortir un téléphone." Et moi, ils m'ont donné macache, zéro, contrairement aux Oscars où la marque Samsung sponsorisait l'évènement. On m'a juste dit : "Frère, tu veux le faire, fais-le, tu ne veux pas, on s'en fout !" Donc, dans les deux cas, je me suis fait ken* (niquer en verlan) *de partout et, en même temps, je suis quand même content parce ce que je trouve qu'on a eu une belle idée et que si elle est reprise, c'est que ce n'était pas si mauvais que ça !* »

De leur côté, les fans de Kev se sont montrés fiers du passage de leur idole aux Césars et ont exprimé leur joie sur Twitter ou Facebook. Quelques messages parmi d'autres : « *Kev Adams aux Césars 2014. Un grand moment pour lui et pour nous ! Proud* » signé Emeline ; « *Arrivée de Kev Adams pour remettre un César ! La Classe !* » selon Ophélie ; « *Tu déchires tout !! Kev Adams ou le seul mec qui prend une photo pendant les Césars !!* » dixit Lisa ; « *Kev Adams aux Césars, un moment bien sympathique* » tweete Laura White. Quelques-uns parmi des milliers de tweets ou de posts sur Facebook ! Comme pour marquer son lien avec son « armée » d'admirateurs et un peu aussi pour faire un pied de nez à ce milieu cinématographique qui n'avait pas semblé apprécier son selfie de l'insolence lors de leur grand-messe annuelle, Kev Adams en dira un peu plus, au cours d'un reportage pour le magazine *Envoyé Spécial*, diffusé en septembre 2014 et justement consacré au phénomène « selfien » : « *C'est un beau clin d'œil pour tous ces gamins qui m'ont fait arriver là où j'en suis aujourd'hui. Ceux qui eux aussi me demandent des selfies et qui je pense, eux aussi, dans leur innocence, s'ils se retrouvaient demain sur la scène du Châtelet, la seule chose qu'ils feraient, c'est se prendre en photo avec la salle, parce qu'il y a juste toutes les stars françaises. Et c'est exactement ce que j'ai fait et j'étais fier d'être un gamin ce jour-là.* » Un gamin qui reste un grand fan des films américains et qui eut le bonheur de rencontrer le réalisateur Quentin Tarantino et la sublime Scarlett Johansson lors de la cérémonie. Un gamin qui répéta son discours des Césars devant ses trois meilleurs potes, Marvin, Benjamin et Dylan. Comme lorsqu'il testait sur eux ses premiers sketchs dans le salon de l'appartement familial à Neuilly-sur-Seine, après les cours au lycée Pasteur. Un gamin qui, comme tout acteur en vogue qui se respecte, est engagé par les grands studios américains pour faire une voix française dans leurs dessins animés. Kev Adams a ainsi posé ses vocalises pour *Le Lorax* en 2012, *Ronal le barbare* et *Les Croods* en 2013. Un gamin qui a enchaîné deux grosses productions coup sur coup, *The Profs 2* et *Les Nouvelles Aventures d'Aladin*. Pour ce grand film d'aventures qui sortira le 7 octobre 2015, la vedette des ados aurait perçu un salaire de 500 000 euros ! En quelques années, le gosse de la rue Botzaris aura donc accompli un triple exploit dont peu d'artistes peuvent se vanter : devenir une vedette de la scène, de la télévision et du cinéma ! Comme lui prédisait son grand-père que Kev aimait tant : « *Si tu crois en toi, nous, on croira en toi !* »

VIII

FANS CLUBS

Au plein cœur du Vieux Port de Marseille, Le Quai du Rire est une institution pour les amateurs d'humour et les comiques en herbe. Depuis plus de vingt ans, cette petite salle d'une centaine de places, créée par Éliane Zayan, a accueilli des jeunes qui débutaient comme Gad Elmaleh, Jean-Luc Lemoine, Jérôme Commandeur, Stéphane Guillon, Titoff, Anthony Kavanagh, l'animateur Julien Courbet et Kev Adams. En ce 30 mai 2014, une effervescence inhabituelle règne autour de ce lieu. Des centaines de jeunes filles et garçons, la plupart entre treize et seize ans, ont investi le quartier en brandissant leurs « armes » : des smartphones ou des tablettes prêts au déclenchement. Dès l'arrivée de l'idole, les appareils photos crépitent et les cris se multiplient. « Kev, on t'aime ! » « Tu es le meilleur Kev ! » « Trop classe Kev ! » Sous un soleil resplendissant et une chaleur méditerranéenne, Kev a fait le voyage sur la Canebière pour un évènement très spécial : l'inauguration du premier comédie club portant son nom ! Alors qu'il n'a pas encore fêté ses vingt-trois ans, l'ancien élève du lycée Pasteur de Neuilly-sur-Seine n'en revient pas. Michel Nouader, le directeur de cet établissement, a décidé de baptiser la seconde salle de cinquante places destinée aux nouveaux talents, Comédie Club Espace Kev Adams. En débarquant au Vieux Port avec ses amis John Eledjam et David Bigard, qui l'accompagnent pour cette journée pas comme les autres, Kev découvre, inscrit en grosses lettres roses sur fond noir « Le Quai du Rire Comédie Club Espace

Kev Adams ». Entouré de ses nombreux admirateurs, le héros de *Fiston* s'en donne à cœur joie. Photos souvenirs en groupe, selfies en tête-à-tête, autographes à profusion et les bises, tant attendues par ces jeunes demoiselles. Sans oublier de couper le ruban rouge de rigueur, comme lors des baptêmes officiels d'un nouveau bâtiment ou d'une nouvelle corvette de la marine. Quelle rapide consécration pour celui qui débuta dans le salon familial ! « *J'ai été très ému, très touché, j'ai cru que c'était une blague au vu de ma courte carrière quand mon ami Michel Nouader me l'a proposé. C'est un très grand honneur pour moi, j'espère que cette salle servira à la découverte de nombreux talents car je sais l'importance qu'a ce genre d'endroits pour tous ceux qui font cette carrière* », dira la coqueluche des ados aux journalistes locaux présents. Avant de partir, Kev laissera l'empreinte de son passage en écrivant sur l'un des murs : « *Merci à mon Michou. Cet endroit est un véritable honneur. J'espère qu'il sera le petit palais du rire et des stars de demain ! Je vous aime ! Je suis là avec vous ! Je vous pécho tous. PS : si vous voulez réussir vite, couchez avec Michou, vous aurez votre propre espace !* »

Ce Comédie Club Espace Kev Adams souligne un peu plus le phénomène de popularité qu'incarne Kev Adams. Le rassemblement des centaines de fans sur ce quai marseillais, venus pour honorer leur vedette préférée, a symbolisé ce jour-là l'extraordinaire communion entre le jeune humoriste et son public. En à peine cinq ans de carrière, Kev Adams s'est installé dans un fauteuil doré, porté par près de 5 millions d'amis sur Facebook et presque 3 millions de followers sur Twitter. Des chiffres incroyables pour une personnalité de sa génération en France et pour un comique. Certes, d'autres stars, comme M Pokora, Shy'm, Stromae ou Tal, jouissent elles aussi d'un important vivier de fans qui les suivent sur les réseaux sociaux. Mais avec Kev Adams, outre le nombre qui impressionne, c'est la solidité du lien qui marque sa différence. À l'occasion de la sortie en librairie des textes de son premier spectacle *The Young Man Show The Book*, le héros de *Soda* s'en est expliqué lors d'une rencontre avec la presse : « *Mon rapport avec les fans est très important. Au tout début, je ne voulais pas faire de page Facebook, enfin je ne voulais pas la créer moi-même parce que je trouvais que ça faisait trop "je me la pète", ça faisait trop égocentrique, je crée ma page, je suis pas connu mais voilà c'est ma page ! Et en fait, quand j'ai commencé à faire ce métier un peu sérieusement, il y a quelqu'un à l'époque qui s'appelait Charles et qui a ouvert la page pour moi. On a commencé un petit peu à s'en occuper et puis le chiffre a monté petit à petit, et je dois avouer que j'ai commencé à y prendre goût. Il y a un vrai plaisir, les soirs où tu es un peu blasé ou fatigué, tu ne sais pas trop ce que tu fais, où tu vas, alors tu peux lire les messages des fans sur cette fameuse page Facebook et cela fait chaud au cœur. Tu as l'impression que tu es tout le temps en contact avec eux. Je peux leur écrire, je peux leur dire ce que je fais, je peux leur raconter mes projets, je partage avec eux les bandes-annonces de mes films, de ma série TV, de mes spectacles, je leur livre quelques exclusivités… On met aussi souvent des jeux. Là où je suis très fier, c'est que j'ai une page Facebook qui vit, qui n'est jamais en pause, jamais à l'arrêt et ça pour moi, c'est une chance, parce que cela va dans les deux sens. Non seulement, je poste toujours des choses, mais ce sont surtout les fans qui répondent toujours présents, ils sont de plus en plus nombreux. Pour moi, c'est une chance incroyable parce que cela donne l'impression qu'il y a toujours quelqu'un en face et qu'on ne fait jamais les choses pour rien…* » Entre Kev et ses fans, la complicité se vérifie jusqu'à… la chevelure de l'artiste. Comme le confie Manon Taxi, fan de quinze ans et elle-même créatrice d'une page à la gloire de Kev sur Facebook, « *à cause de ses cheveux frisés, on l'a surnommé "Le mouton", "L'indéfrisable" ou "Petit poney frisé" ! Les fans l'appellent aussi "Kinder", en référence à son sketch trop marrant sur le professeur d'allemand. Il le sait et cela le fait beaucoup rire !* »

De son côté, Jennifer, une autre fan de Lyon, explique qu'« *on peut communiquer avec Kev sur son site officiel Facebook, mais il existe énormément d'autres pages, des blogs et des comptes sur plein de réseaux sociaux. Il y a une grande communauté autour de lui et les échanges entre nous sont aussi très nombreux. Quasiment chaque jour, on poste une photo, une capture d'écran vidéo, un message, une affiche, un commentaire, des news sur Kev, des questions, ça bouge beaucoup et il réagit très, très, rapidement. Lui-même nous tient au courant évidemment de son activité professionnelle, mais aussi de ses vacances, de ses séances à la salle de sports, de ses rencontres avec d'autres vedettes comme Jamel Debbouze, Gad Elmaleh, Florence Foresti, La Fouine, Arnaud Ducret, Tal ou Black M, de ses shoppings, de ses coups de cœur pour d'autres artistes, de ses sorties avec ses potes Marvin, Dylan et Ben, de ses soirées au Parc des Princes pour aller voir le PSG jouer en invitant son petit frère Lirone ou des fêtes avec sa famille. Au mois de mars dernier, Kev a ainsi mis une vidéo de lui et sa grand-mère, enlacés se disant des mots doux, le jour de la fête des mamies. C'était super émouvant !* » Avec ses amis Facebook ou ses tweetos, Kev Adams se montre d'une constante attention et d'une générosité toute particulière. Il y a quelques semaines, il poste ainsi : « *Today, je fais profiter mes fans d'une remise de 20 % sur mon site de fringues préféré !! L'entrepôt Parisien. Vous allez kiffer ! Biglove c'est par ici !* » Et de donner son code client promo et personnel afin que ses admirateurs puissent bénéficier d'un important rabais pour l'achat de vêtements des marques Obey, Vans, Timberland, Adidas Herschel ou Jott, pour ne citer que les plus connus. Lorsqu'il célèbre le double disque de platine pour le DVD *The Young Man Show* et le disque de diamant pour celui de *Voilà Voilà*, il sélectionne les meilleurs commentaires des aficionados et leur offre des DVD. Sur Facebook et Twitter, « Petit poney frisé » écrira le 11 mars 2015 : « *Bravo à mon frérot Edouard Pluvieux pour avoir été présenter notre film* Amis Publics N°1 *hier au ShowWeb. Futur. Love.* » On apprenait ainsi que le 10 mars lors du ShowWeb, une grande convention professionnelle où les distributeurs de cinéma dévoilent leurs agendas et annoncent leurs prochains projets, Kev Adams était apparu dans un message vidéo destiné aux bloggeurs et principaux acteurs de la Toile présents à cette réunion. Dans ce spot, Kev présentait son prochain long-métrage, très important pour lui car il en est le coscénariste et le coproducteur, tandis que la réalisation a été confiée à l'un de ses coauteurs depuis le début de sa carrière, Edouard Pluvieux.

Tourné au printemps dans la région Rhône-Alpes, on en sait un peu plus sur *Amis publics N°1* dont la sortie est déjà programmée au 17 février 2016. Le pitch ? Afin de réaliser le rêve de Ben, son jeune frère malade, Sam et leurs meilleurs potes organisent un faux braquage. Mais le jour J, ils se trompent de banque. Le hold-up bidon devient une véritable affaire de cœur. C'est ainsi que commence l'aventure extraordinaire et la cavale des *Amis Publics N°1.* Autour de Kev Adams et Paul Bartel – révélé dans *Les Petits Princes* – qui joueront les rôles principaux de Sam et Ben, le casting réunira Vincent Elbaz, John Eledjam, Guy Lecluyse et Majid Berhila. Dès l'annonce sur Facebook de cette nouvelle, les fans de Kev ont exprimé leur affection et leurs attentes : « *Le film même pas tourné qu'on a déjà hâte de le voir* » pour Laura ; « *On se pose tous la même question : il sort quand ? Mdrrr. Pressée de voir ça. Bisous les garçons* », signé Omérine ; « *Trop cool vivement qu'il sorte au cinéma* » pour Cécile ; « *Votre film, juste parfait et le titre me donne envie de voir ça* » poste Lélia ; « *Bravo à toi Kev tu est le meilleur* » dixit Magalie avec enthousiasme et la faute d'orthographe en prime ou encore, parmi des milliers d'autres, « *Cela va être génial on sera là* » signé Maya, « *Super bravo mais quand sa sort ?* » demande Frédéric à l'orthographe hésitante lui aussi et

« *Ça va être une tuuuuuuuriiiie ce filmmm !!!!!* » hurle Morgane en points d'exclamation.

Entre les fans et Kev, l'utilisation de Facebook atteint des sommets. Au début du mois de décembre 2014, le comédien est convié dans les locaux de Facebook France, à Paris, pour « chatter » avec son public. En à peine trente minutes, ce sont 15 000 questions ou messages qui vont déferler sur le serveur ! Un record sur Internet pour une vedette de l'Hexagone que le PDG de Facebook France, Laurent Solly, qualifiera d'« *évènement extraordinaire* ». Avec leur idole, les fans redoublent de créativité, de dynamisme et d'activité pour lui tresser des couronnes de lauriers et lui exprimer leur flamme, à travers des pages, des blogs ou des sites personnalisés. Quelques noms : « Si toi aussi tu trouves que Kev Adams est le meilleur » ; « Kev Adams l'humoriste parfait » ; « Kev Adams un humoriste hors du commun » ; « Adamsienne pour la vie » : « La perfection existe : Kev Adams l'indéfrisable » ; « SodaKevAdams » ; « Kev Adams : Le Forum » ou « Être fan c'est bien, mais de Kev Adams c'est mieux » ! À la sortie de ses shows ou lors des avant-premières de ses films, Kev Adams s'est naturellement rendu compte du pouvoir d'attraction et de séduction qu'il exerce sur les adolescentes, véritablement dingues de lui, à la fois pour son humour, son style, mais aussi pour son physique. La vedette de *Fiston* l'avoue : « *Ce que je vis avec mes fans ressemble au fantasme que j'avais. Parfois, je me pince pour être sûr que c'est réel. Au début, toutes ces filles qui hurlaient ou couraient après la voiture, cela me faisait un peu peur. Maintenant, j'aurais peur qu'elles ne me suivent plus. Cela voudrait dire que j'ai cessé d'exister et moi, je ne veux pas que ça s'arrête. Au niveau de la drague, cela est tentant, je ne m'interdis pas de le faire et j'avoue même que cela m'est déjà arrivé. Mais je ne peux pas être dans une forme de systématisme, ce n'est pas mon truc.* » En établissant ce contact direct et quotidien avec ses fans via les réseaux sociaux, Kev Adams fait figure de précurseur dans cette nouvelle mode de communication virale et numérique. Au même titre que Max Boublil, pote de Kev, et créateur d'un personnage atypique : l'ado attardé. « *Comme Kev Adams, j'ai été propulsé par le Net, un peu avant lui, c'était en 2007. Mes chansons bêtes ont été tout de suite adoptées par les mômes,* se souvient-il. *À l'époque, un comique se faisait connaître soit par la scène soit par la télévision, mais les programmes de télé étaient bloqués sur la même dizaine d'artistes. Internet a provoqué un véritable appel dont j'ai profité, tout comme Kev. Lui, il est encore plus accro' que moi au Net, il est connecté non-stop sur son téléphone et, en plus, il a le même âge que son public*[1]. »

Derrière Kev Adams et Max Boublil, toute une génération de « funny boys » est entrée en scène par le portail ouvert sur la Toile : Norman, Cyprien, Hugo Tout Seul, Mister V, Kemar, Jhon Rachid, Kevin Razy ou le Palmashow. Kev Adams, pionnier dans l'utilisation du Net pour élargir son audience et vivre au même rythme smartphonien que ses admirateurs, est totalement en phase avec son public. Pour le sociologue Michel Fize, auteur de l'*Antimanuel d'adolescence*, « *celui qui est visible sur le web touche d'abord des jeunes ou des très jeunes. Le peuple adolescent constitue un monde qu'il s'est choisi, une planète qu'il s'est créée*[2]*...* » Un avis que partage un autre spécialiste de l'adolescence, le socio-anthropologue Jocelyn Lachance, à qui on doit le livre *Étudier les ados*[3], et qui souligne de son côté que « *pendant longtemps, les jeunes ont été mis en scène et commentés par des adultes. Des humoristes comme Kev Adams ou d'autres racontent comment on peut surmonter les échecs : "Regardez-moi quand je me filme ou quand je joue mes sketchs via Internet et je me moque de moi, car je parle aussi de vous." Cette dérision est très importante*

1. *L'Express*, 4 février 2015.
2. Éditions L'Homme, septembre 2009.
3. Presses de L'EHESP, novembre 2014.

parce qu'elle permet aux adolescents de dédramatiser leurs problèmes quotidiens[1]. » Dans son premier sketch *L'Ado*, Kev Adams commençait ainsi : « *C'est vrai quoi, vous, les adultes, vous croyez trop que nous les ados, on est des gamins, qu'on n'a pas de vrais problèmes. C'est faux ! On a des vrais soucis ! Sérieux ! Par exemple, un de nos soucis principaux, c'est... de ne pas arriver en retard au cours !* » D'entrée de jeu, Kev relatait les préoccupations de la vie de tous les jours, celles vécues par ses nombreux fans qui le suivent avec tant de passion et de chaleur depuis *The Young Man Show*. Pour Cécile, une adamsienne de la première heure, âgée de dix-sept ans aujourd'hui, « *Kev décrit des comportements qui sont les nôtres, mais dont nous ne sommes parfois pas conscients. Il est des nôtres, c'est génial de pouvoir s'identifier à lui. Quand il est sur scène, c'est nous-mêmes que nous voyons !* » Invité dans l'émission de Thierry Ardisson sur Canal +, *Salut les terriens*, lors de la promotion du film *Fiston* au mois de mars 2014, Kev avait évoqué sa relation si particulière avec ses fans : « *C'est un public kiffant les jeunes ! Ils mettent l'ambiance dans les salles. Ils ont encore la force de bouger, pas comme dans les concerts de Frank Michael. Je sais qu'on compare mon succès à celui de jeunes groupes de pop anglais comme One Direction, donc, ouais, je n'ai pas honte d'être comparé à ce genre d'artistes...* »

Il est vrai qu'un spectacle de Kev Adams ressemble à un concert de rock : des cris stridents d'admiration ou d'amour, des jets de cadeaux ou de petites culottes sur la scène par les spectatrices, des pancartes « Kev, on t'aime ! », quelques évanouissements avec évacuation par les pompiers ou agents de sécurité, des applaudissements à tout-va ou, enfin, des pleurs d'émotion et de joie lorsque l'artiste se prête au jeu des selfies, des autographes ou, mieux encore, laisse ses admiratrices toucher sa chevelure

1. *L'Express*, 4 février 2015.

comme une relique sacrée, et distribue les bisous à la fin de son show. Dans la grande histoire des humoristes français, on n'avait jamais assisté à un tel phénomène. Pour la première fois, un comique déclenche dans son public des réactions identiques à celles provoquées par certains chanteurs. « *Avec "Petit poney frisé", je hurle autant en le voyant que lorsque je suis allée applaudir One Direction, Tokyo Hôtel, Justin Bieber ou Lady Gaga*, avoue Linda, une fan de seize ans qui vit à Levallois-Perret. *Et ma mère, qui m'a accompagnée lors du passage de Kev au Zénith de Paris à la fin du mois de décembre 2014, m'a raconté que cela lui rappelait les galas de Patrick Bruel au début des années 1990, où elle se rendait avec ses copines ! Ma grand-mère a comparé ma "fan attitude" à l'hystérie qu'elle ressentait aux spectacles de Johnny Hallyday ou Claude François dans les années 1970. Morte de rire ! En plus, on se prévient entre fans sur Facebook ou Twitter, on prépare des trucs et quand on se retrouve, on se donne à fond durant les shows de Kev ! On gueule tellement fort, on lui exprime tellement d'affection, on lui chante des poèmes qu'on a spécialement écrits pour lui, ce qui l'oblige à arrêter son one-man-show, à nous écouter, à talker (parler) avec nous. Franchement, on est aussi fatigués que "Kinder" à la fin de son stand-up ! Et on a un slogan commun, en référence à Barack Obama : "Yes, we Kev !"* » La première « Lol Star » made in France sait kiffer avec ses aficionados. À la fin de chaque spectacle, il capte un selfie de lui avec la salle et la diffuse immédiatement sur les réseaux sociaux. Sans oublier que tout est filmé et les meilleurs moments, qui atterrissent dès le lendemain sur sa page Facebook, renforcent la complicité entre « L'indéfrisable » et son public. Les trentenaires ont jeté leur dévolu sur Gad Elmaleh, Jamel Debbouze et Florence Foresti ; les quadras adorent Franck Dubosc, Élie Semoun ou Stéphane Guillon ; les quinquas apprécient Muriel Robin, Michel Boujenah ou Jean-Marie Bigard. L'irruption de Kev Adams a comblé un vide auprès d'un public jusqu'alors négligé. Grâce à Mister Kev, le quotidien des adolescents, dans cette période complexe de construction de soi et d'émancipation, est passé au crible de la rigolade, par l'un des leurs. « *Kev Adams propose quelque chose qui lui ressemble et les jeunes se reconnaissent en lui,* soulignait Franck Dubosc, son partenaire dans *Fiston*, dans le dossier de presse du film. *À l'heure de l'humour communautaire, la communauté de Kev, ce sont les jeunes.* » Quand on sait que les quatorze-dix-neuf ans représentent plus de 7 % de la population française selon l'Insee, soit plus de 5 millions de personnes, cette niche de l'humour pour les ados a un avenir radieux. En quelques années, les fans de « Kinder » ont tellement augmenté qu'il fait partie des dix personnalités les plus « likées » sur Facebook !

Intronisée vedette 2.0, le roi Kev ne veut pas non plus surestimer son rapport avec ses milliers d'admirateurs : « *Les jeunes se sentent seuls. C'est pour ça qu'ils passent leur vie sur les réseaux sociaux. Je le sais parce qu'ils m'envoient aussi des messages de détresse sur Facebook. Je leur réponds bien sûr, mais je ne suis jamais très explicite. Je ne suis ni psychologue ni membre de leur famille.* » Si des pages Facebook ou des blogs louant Kev Adams surgissent chaque jour sur la Toile (comme « Kev Adams, notre Dieu », « Kev Adams : the perfect man », « Kev Adams : le meilleur comédien », « Kev Adams : le mouton volant » ou « Pour que Kev Adams vienne jouer à Pau » !), la fan attitude adamsienne peut aussi entraîner des excès. Il y a quatre ans, le magazine de M6 *Zone interdite* avait relaté le cas de Brenda, une adolescente de dix-sept ans qui lui vouait une passion sans limite. Déscolarisée, Brenda passait l'intégralité de ses journées à regarder des sketchs de l'humoriste et à le suivre partout dans Paris, sur des tournages d'émissions ou lors des représentations de son spectacle. Chaque soir, le rituel était le même : Brenda et Amandine, l'une de ses amies, attendaient Kev à la sortie des artistes. Comme d'habitude,

« Kinder » prenait le temps de poser pour la photo souvenir avec toutes ses admiratrices, tout en observant une certaine distance de sécurité. Pourtant, les deux adolescentes étaient persuadées d'être devenues des intimes du héros de *Soda*, pour qui elles éprouvaient un véritable sentiment amoureux. Surtout Brenda qui, le soir de la Saint-Valentin 2011, offre une rose à Kev Adams. Il la remercie sans s'attarder et s'éclipse avec ses proches. Furieuse, Brenda s'énerve et déchire rageusement les affiches du show de son idole dans les rues, avant de rentrer chez elle pour rédiger un courrier noirci d'insultes qu'elle enverra à Kev et dont voici quelques extraits : « *On aurait pu commencer cette lettre en te traitant de tous les noms mais on est beaucoup plus matures que ça. Alors, c'est vrai, tu nous as beaucoup déçues ce soir… Le respect, la reconnaissance, la politesse, apparemment, tu ne sais pas ce que c'est. Tu viens de niquer trois ans de soutien. Oui, tu prends la grosse tête Kev, tu ne te sens plus pisser. En plus d'être un faux-cul, tu as une bouche de pute ! Bravo la maturité, tu n'arrives même plus à voir qui était derrière toi depuis le début au Pranzo, alors dis-nous franchement les choses au lieu de faire ton vieux mec. J'ai beau n'avoir que dix-sept ans, mais à côté de moi, tu n'es rien. Tu es juste un bouffon comme un autre. Alors, grandis un peu et on pourra t'apprécier à ta juste valeur !* » Brenda récoltera une pluie de critiques sur la Toile et sur sa page Facebook après avoir lu sa missive sur M6, elle devra répondre à des centaines de remarques désobligeantes. Tous les fans de Kev se ligueront littéralement contre Brenda pour défendre leur idole, leur chouchou, leur porte-parole, leur « Petit poney frisé ». Pour le sociologue Michel Fize, « *Kev Adams mais aussi ceux qui ont suivi sa voie, comme Norman ou Cyprien, représentent des grands frères pour les adolescents. Ils leur apportent, sans les stigmatiser, des informations sur des sujets centraux à cet âge : le sexe, la séduction, la virilité. Les jeunes peuvent aussi vérifier grâce à des personnalités comme Kev Adams les capacités d'audace et de témérité qui les ont menés à une certaine réussite sociale. S'attaquer à une icône comme Kev Adams, c'est comme agresser un membre de la famille, c'est faire du mal à quelqu'un qu'on aime et qu'on admire.* » Un internaute se faisant appeler Nihongo-Narau a lancé une pétition après l'affaire Brenda, tout simplement destinée aux patrons du réseau Facebook, aux USA, intitulée « pétition against people who abuse a humorist ». Pour obtenir le maximum de signatures, le fan a écrit à ses amis Facebook : « *Depuis quelques temps, des petits malins s'amusent à insulter Kev sur sa fan page et je suppose que tu es courant. Alors avec un ami, nous avons eu l'idée de faire une pétition et d'envoyer une lettre à Facebook USA pour que les choses cessent. Puis, nous avons aussi l'idée de réunir un maximum de petits mots pour soutenir Kev, mettre les réactions face à ce qui se passe sur sa page, pour lui montrer que nous sommes derrière lui ! Pour envoyer le petit mot : aidons-kevadams@hotmail.fr.* » On n'avait jamais vu une telle campagne de soutien pour un comique d'une vingtaine d'années ! Et comme l'écrivait sur son blog au mois de mars 2014 Virginie Spies, une sémiologue et analyste des médias, « *Kev permet aux ados de se retrouver autour d'un phénomène générationnel, Kev est un sujet de conversation, "Kev est trop beau", Kev is the new Justin Bieber en drôle et pas drogué. Kev est donc partout, il plaît aux jeunes (souvent des filles) qui se précipitent à ses spectacles comme d'autres générations couraient aux concerts de Johnny, Patrick Bruel ou autre Jean-Jacques Goldman. Sauf qu'en l'espèce, il ne s'agit pas de musique mais d'humour, et c'est plutôt une bonne nouvelle que votre ado ait envie de se marrer, non ? Si vous trouvez que Kev n'est pas drôle, c'est parce que vous n'êtes pas dans son cœur de cible, alors passez votre chemin. À chaque génération sa star.* »

Une star, qui pour à la fois être le plus proche de ses fans et développer sa présence sur la Toile, s'est impliquée dans un nouveau challenge depuis le 26 mai 2014, la création d'une chaîne de télévision sur le réseau YouTube nommée Kick On. Le 19 mai 2014, afin de fêter ses 4 millions d'abonnés sur sa page Facebook officielle, Kev Adams poste une vidéo pour annoncer la surprise à ses amis Facebook : le lancement de Kick On, sa chaîne coproduite par sa nouvelle société, My Family (dans laquelle il est associé à Élisa Soussan, sa manager et productrice, la PDG, et dont Nathalie, la maman de Kev, est directrice générale), et le grand groupe audiovisuel Endemol. « *La seule chose que je peux vous dire, c'est que ça va être le plus gros bordel Internet de tous les temps* », annonce l'humoriste dans son message filmé, à la fois délirant et mystérieux. On en saura un peu plus quelques jours plus tard avec un communiqué de presse présentant Kick On comme « le premier web show participatif et interactif ».

Le 26 mai 2014, Kick On voit le jour. Aidé de plusieurs complices comme Serge Hazanavicius, John Eledjam, Ahmed Sylla, Andy Coq ou Majid Berhila, « Kinder » propose, une fois par mois, en direct et dans un décor original (un garage), un véritable programme TV où l'interactivité prime. Au menu, des sketchs, des vidéos ou des happenings en live. Toujours soucieux de communiquer directement avec ses fans, Kev leur demande de participer, de commenter, de proposer des défis et d'influer sur le contenu des émissions. Et de s'abonner gratuitement, ce qu'ont déjà fait plus de 170 000 internautes. Des invités comme La Fouine, Rayane Bensetti, Black M, Malika Ménard ou Cyril Hanouna viennent se prêter au jeu à la demande de leur pote Kev. Toutes les semaines, la chaîne Kick On donne aussi sa chance à de nouveaux humoristes qui interprètent, réalisent et produisent des séquences comiques entre 1 et 5 minutes. Dans cette véritable team Kick On, on trouve des jeunes auteurs et acteurs comme Adam Taïeb, Grégory Vacher, Raphaël Kenzey, Émilie Hamm, Yann, un surdoué de seize ans, ou Tarik Seddak, pour la plupart issus d'un concours de jeunes talents du stand-up, The Young

Stand Up Show, organisé par Kev Adams et sa société de production en 2013. Kick On a tout de suite été comparée au Studio Bagel, la chaîne humoristique à succès rachetée par le groupe Canal + en mars 2014 ou Golden Moustache, propriété de M6. Avec une différence : les artistes de ces deux concurrents de Kick On ont fait leurs classes sur le web. Ceux de la Kev Adams TV se sont révélés sur scène. Comme « L'indéfrisable » qui accorde une grande attention à ce projet depuis sa création et qui en avait parlé lors du top départ de sa chaîne sur YouTube : « *J'adore le Studio Bagel, Golden Moustache ou le Palmashow, cela m'inspire depuis déjà un petit bout de temps. Mais je n'avais pas envie de me lancer là-dedans tout seul, comme peuvent le faire Norman ou Cyprien, qui sont d'ailleurs talentueux. J'avais plus envie de délirer en compagnie d'un groupe. Kick On, c'est un projet underground. Beaucoup de gens m'ont dit : "Tu n'as pas besoin de ça. Tu fais déjà du cinéma". Mais je trouve que ça a du sens. Aujourd'hui ce qui est génial sur Internet, c'est qu'il y a une vraie liberté. C'est un vrai média important et le média de demain. Cela m'amuse vraiment de proposer des sketchs gratuitement et de remercier les internautes à ma manière après avoir atteint les 4 millions de fans sur Facebook* [aujourd'hui, près de 5 millions]. *Je veux leur rendre la pareille. C'est gigantesque et pourtant, je ne suis pas quelqu'un qui a fait tant de choses que ça sur le web. Kick On, ce n'est pas le projet le plus risqué du monde. On ne cherche pas à gagner de l'argent ou avoir 10 millions de téléspectateurs, mais seulement à faire quelque chose de cool. Et au-delà du projet et de l'aspect fiction de la chaîne, j'avais aussi envie de monter une troupe mêlant toutes les générations de comédiens car depuis que je fais ce métier, on m'a beaucoup jugé sur mon jeune âge. Il y a aussi bien mon metteur en scène et ami Serge Hazanavicius qui a une cinquantaine d'années que Yann, un super humoriste de seize ans que j'avais immédiatement repéré lors de The Young Stand Up Show. Sur Kick On, je voulais des gens issus de milieux différents afin d'arriver au meilleur résultat possible. Et une chaîne TV sur les réseaux sociaux, cela me paraît logique, pour moi et pour mes fans. Car je suis un malade du Net comme eux, je poste quasiment tous les jours ! Cela m'éclate et j'adore regarder ce qu'il s'y passe. C'est la vraie révolution de notre époque et je trouve incroyable comment les réseaux sociaux se développent au fil du temps. Ils prennent une place hallucinante dans notre vie quotidienne, surtout dans celle des gens de ma génération.* » Outre les 170 000 abonnés à Kick On, la télé de Kev affiche déjà un joli bilan après un peu plus d'une année d'existence : près de 5 millions de pages vues rien que sur YouTube. Une nouvelle aventure suivie par les fans de Mister Kev, vu le nombre d'abonnements, et un challenge plutôt bien accueilli par les professionnels de la Toile, comme le soulignait ce commentaire sur le site spécialisé coconutsstudio.com, axé sur les news et l'actualité de la communauté YouTube : « *Après s'être forgé une réputation à la télévision et sur les planches, Kev Adams s'en va conquérir le web. Le principe de Kick On est simple : un garage, un collectif d'humoristes, un canapé, des caméras. Si le mot d'ordre autoproclamé est "bordel", l'équipe s'est trouvé un rythme de séquences à thèmes, dictés par un vieux livre autour duquel ils sont rassemblés et traités en scénettes ou en sketchs vidéos. Une stratégie peut-être trop simple et manquant légèrement de naturel, mais efficacement rattrapé par le charisme du leader, Kev Adams, et la qualité des vidéos inédites.* »

« Petit Poney frisé » a choisi le parcours inverse des principales vedettes comiques de la web Tv et de YouTube que sont Norman, Cyprien, Rémi Gaillard ou Hugo Tout Seul. Ces YouTubers ont commencé par se filmer et engranger les pages vues sur la Toile avant de s'investir dans de nouveaux projets scéniques, télévisuels ou cinématographiques. Avec Kev, c'est le contraire et les premiers résultats de Kick On confirment que son public adhère à sa prise de risques. Même s'il est encore très, très, loin des 5 millions d'abonnés sur YouTube de Norman, qui a choisi à son tour de monter sur la scène. Mais la chaîne de Norman, âgé de vingt-huit ans, a démarré en 2009. La marge de progression de Kick On reste donc très importante, Kev comptant 5 millions d'amis sur Facebook et 3 millions de followers sur Twitter. Maxime, un admirateur de quatorze ans qui vit à Neuilly-sur-Seine, trouve que « *Kick On, c'est du grand kif ! Avec des potes et des copines, on se fait des après-midi entières de visionnage, on découvre plein de nouveaux comiques, mais en plus, y a aussi Kev qui nous éclate comme d'habitude. Comme pour ses spectacles ou dans* Soda, *on a l'impression qu'il vit avec nous et qu'il s'adresse à nous en direct, comme un frérot. Je regarde beaucoup plus Kick On que les vraies chaînes de télé, c'est cent fois plus fun ! De toute façon, pour notre génération, il n'y a que* Soda *qui me branchait à la téloche et un peu,* The Voice. *Avec Kick On, au moins, on se marre et ça nous change des merdes de la téléréalité !* »

Avec son propre média, Kev Adams a donc déniché un autre moyen de garder un contact permanent avec son immense réseau de fans. Même s'il cherche logiquement à évoluer dans un registre un peu plus adulte, le héros de *Soda* sait ce qu'il doit à la génération des douze-seize ans qui le porte depuis ses débuts. Justina, une lycéenne en classe de terminale, âgée de dix-sept ans et vivant à Chalons-sur-Saône, qui a découvert Kev lors de sa participation à l'émission *On n'demande qu'à en rire*, insiste sur la sensation d'identification avec l'humoriste : « *J'aime beaucoup Kev, parce qu'il est jeune et qu'il est donc plus proche de nous. Il nous comprend sur des sujets comme le lycée, les parents. Et puis, j'adore l'énergie qu'il dégage sur scène, il se donne à fond, il chante, il danse et il improvise super bien quand les fans lui hurlent quelque chose. Je pense qu'il est unique car aucun humoriste ne lui ressemble, il est humain comme nous et il ne cesse pas de nous le rappeler. En plus, c'est quelqu'un d'exceptionnel qui soutient beaucoup d'actions comme Initiatives Cœur ou Mécénat Chirurgie Cardiaque.* » Et Justine, qui est aussi la fondatrice et administratrice de la page Facebook, « Kev Adams, un humoriste hors du commun », ajoute : « *Pour une personne de son âge, je trouve ça génial !* »

Pour son « armée » de fans, Kev Adams n'est ni un guide, ni un chef de troupes, ni un gourou spirituel. « *La vérité,* avoue-t-il dans son sketch *L'âge, c'est que ça me fait flipper d'être un adulte, c'est vrai, je n'ai pas envie d'être un adulte, j'ai pas envie, nan… J'ai peur ne serait-ce que de parler comme un adulte, tu sais, moi souvent, on m'appelle quand je n'suis pas en spectacle et on me dit : "Hé Kev, tu fais quoi ?" "Ben, j'fous rien, je glande !" J'ai pas envie de dire comme les adultes : "Je suis actuellement à la recherche d'un emploi !" J'ai pas envie de rentrer dans des boutiques comme j'ai vu certains adultes le faire : "Excusez-moi onze euros, ça fait combien en francs ?" Bientôt, je serai plus un ado, mais moi, ça me fait flipper d'être un adulte…* »

Pourtant, le gamin du 19e arrondissement, qui émigra vers les artères bourgeoises de Neuilly-sur-Seine avant d'emprunter le chemin de la gloire avec *The Young Man Show*, a bel et bien mûri. Et « L'indéfrisable » est ainsi devenu un homme d'engagements, de convictions et de cœur.

IX

ENGAGÉ

L'humoriste préféré des ados ne s'en vante pas trop publiquement mais l'engagement humanitaire fait partie de son ADN. S'il n'a pas encore intégré la troupe des Enfoirés et des Restos du Cœur, Kev Adams s'investit particulièrement dans l'association Mécénat Chirurgie Cardiaque, qu'il a découvert grâce à sa community manager, en charge de son compte Twitter et de la page Facebook. Pour aider Francine Leca et Patrice Roynette, les fondateurs de Mécénat Chirurgie Cardiaque qui permet d'opérer et de sauver de nombreux enfants (vingt-sept en 2012 et 2013), Kev a parrainé le bateau du navigateur Tanguy de Lamotte, lors de la dernière Route du Rhum, et l'opération « 1 clic, 1 cœur ». Le principe : les sponsors versent un euro pour chaque clic « j'aime » et deux euros pour chaque partage du lien « Initiatives Cœur » sur Facebook, afin de soigner les jeunes atteints de malformations cardiaques. Une action que l'artiste a popularisée grâce à ses vidéos envoyées à Tanguy de Lamotte durant son périple et en adressant de nombreux messages à son immense communauté de fans. Résultat : près de 330 000 internautes ont cliqué et, donc, indirectement alimenté les caisses de l'association. Lors du lancement de l'opération à la fin de l'année 2014, Kev avait expliqué les motifs de son implication à *Paris Match* : « *Je suis jeune, j'ai vingt-trois ans, mon public est en grande majorité constitué d'enfants, donc lorsqu'on m'en a parlé, c'était pour moi impossible de ne pas y participer. Ils viennent en aide aux enfants à travers le monde et leur redonnent l'essentiel, c'est-à-dire la vie. Cela m'a beaucoup touché, c'est une association dont on ne peut pas se passer en France. Je trouve qu'aujourd'hui on est dans un climat où on se referme un peu sur nous-mêmes, on va un peu moins vers les autres et Mécénat Chirurgie Cardiaque, au contraire, s'ouvre vers les enfants du monde entier. Je soutiens les associations qui sauvent la vie des enfants, car lorsque les personnes meurent et qu'elles sont très vieilles, ça me fait beaucoup de peine, mais après tout, c'est la vie ! En revanche, quand cela arrive à des enfants, j'ai beaucoup de mal à l'accepter, donc si je peux me battre à mon niveau pour faire en sorte que cela n'arrive plus, je le fais. Je suis aussi fasciné par la passion de tous ces gens qui travaillent bénévolement pour l'association, d'autant plus qu'ils sont peu nombreux en comparaison avec d'autres, comme les Restos du Cœur par exemple. Ils déploient une telle énergie pour faire parler d'eux que ça donne envie d'aider et de s'investir. J'incite vraiment tous les gens et tous les jeunes à faire de même. Donner un peu d'argent, venir au départ ou à l'arrivée du bateau de Tanguy de Lamotte, ce sont des petits gestes mais finalement, ça change beaucoup et ça permet de faire connaître leur cause. Avant "Initiatives Cœur", je n'avais jamais fait de don. Depuis, j'ai appris moi-même à donner et cela fait chaud au cœur…* »

Outre son action au côté du skipper Tanguy de Lamotte, le héros des *Nouvelles Aventures d'Aladin* a tourné un spot publicitaire en faveur de Mécénat Chirurgie Cardiaque, avec quelques-uns des enfants. « Petit poney frisé » en conserve un souvenir ému : « *On a passé une journée ensemble. C'était très sympa, ils m'ont un peu "maltraité", j'en rigole encore et on a appris à se connaître, comme me le disait Francine Leca, l'une des fondatrices de l'association. Ce sont des enfants qui ne parlent pas français donc la communication se fait autrement, par des gestes, des mimiques. C'est très intéressant. J'ai trouvé ça fort en émotion de pouvoir être proche de ces gamins et de voir que, malgré le fait qu'ils sont passés tout près de la mort, ils n'ont pas perdu leur âme d'enfant, ils sont gentils, cools, parfois même un peu agités. Je n'ai pas dans mon entourage d'enfants touchés par ce problème des malformations cardiaques qui concernent 1 gosse sur 100, ce qui est énorme. Et c'est aussi pour cela que je participe à ce genre d'associations : c'est parce que je sais justement que cela peut arriver à n'importe qui. Je me dis qu'il faut faire comme s'il y en avait dans notre famille et ne pas attendre d'être touché de près ou de loin pour agir.* » D'autres personnalités comme François Cluzet, Guillaume Canet, Virginie Efira ou le tennisman Jo-Wilfried Tsonga participent aussi à l'opération « Initiatives-Cœur », mais l'apparition de Kev Adams a naturellement permis de toucher un public d'adolescents et de transmettre à de nombreux jeunes âgés de douze à seize ans des valeurs de solidarité, d'altruisme et d'humanité, bref de leur offrir un autre visage de la société, loin des ordinateurs, des smartphones, des tablettes ou des programmes de téléréalité ! « *En fait, Kev ne correspond pas vraiment à son image publique*, explique un des responsables des programmes de W9 qui a beaucoup travaillé avec lui sur Soda. *Derrière la vedette préférée des enfants et des ados, ce qui lui donne une réputation très lisse, quasi infantile, en "apôtre du lol et du clic" à tout-va et des vannes à trois francs six sous, il y a un jeune homme qui n'hésite pas à afficher ses positions, comme sur les musulmans il y a quelques mois, ou à revendiquer ses amitiés avec de nombreux rappeurs comme Black M, La Fouine ou Maître Gims. Et ces formes d'engagement lui valent des messages d'insultes sur Twitter ou Facebook !* »

Ses propos sur l'islam lors de son passage dans le talk-show de Laurent Ruquier, *On n'est pas couché*, le 22 novembre 2014 ont déclenché des réactions en chaîne contre Kev Adams. Certains membres de son entourage allant jusqu'à parler de « *lynchage* ». Ce soir-là, invité par son ancien patron d'*On n'demande qu'à en rire* en compagnie d'autres personnalités comme Michel Boujenah, le député-maire et président de l'UDI Jean-Christophe Lagarde et la journaliste Élise Lucet, l'humoriste, qui n'a jamais caché son appartenance à la communauté juive, ses croyances religieuses et son attachement à Israël, a donné franchement son opinion alors que le débat tournait autour du djihad et de l'État islamique : « *J'ai l'impression qu'il y a des gamins un peu paumés, qui n'ont jamais mis un pied dans une mosquée. J'ai la chance de faire une tournée en France, j'aime bien aller visiter les différentes communautés et j'ai vraiment été dans beaucoup de mosquées, où on voit que les discours sont juste là pour dire "Trouvez-vous un avenir, soyez fiers d'être Français, d'être musulmans français, de faire de belles choses en France et de montrer que les musulmans, ce ne sont pas des terroristes". Oui, ça c'est faux, complètement faux et c'est important pour moi de le dire à la télé ! Je sais qu'il y a des jeunes qui m'écoutent et il ne faut pas faire d'amalgames, les musulmans ne sont pas des terroristes, les musulmans sont des gens bien, j'ai des amis musulmans. Internet et les médias nous montent la tête ! Le djihadisme, ce n'est pas un problème, c'est Marine Le Pen qui est un problème...* » Une prise de parole applaudie par le public présent dans le studio lors de l'enregistrement de l'émission et également saluée par Laurent Ruquier. Ces phrases avaient été tenues avant les terribles attentats islamistes contre *Charlie Hebdo*, l'épicerie Hyper Cacher de la porte de Vincennes et la policière municipale à Montrouge au mois de janvier 2015. Kev Adams aurait-il osé dire la même chose après les attaques meurtrières des frères Kouachi et d'Ahmedy Coulibaly ? Si les fans de Kev ont approuvé les propos de leur idole, des tweetos ont adressé à la vedette de *Fiston* des tweets très durs. Quelques exemples de ce déchaînement : « *Kev Adams est vraiment insupportable ! Jouer l'ado attardé pendant 10 ans, ça lui a laissé des séquelles visiblement !* » (Antoine

Mokrane) ; « *Kev Adams qui dit "inchallah" pendant ONPC (On n'est pas couché) alors qu'il est Juif… Qu'est-ce qu'on ne ferait pas pour gagner des fans…* » (BoutinTrin) ; « *Kev Adams dans ONPC : "Le djihadisme, ce n'est pas un problème. Le problème, c'est Marine Le Pen." Ce n'est pas 2 neurones qu'il a mais zéro !* » écrit MRichonet ; « *En colère ONPC. S'il pouvait arrêter de parler politique et se contenter de son rôle de comique* » note Dharma177. Ou encore : « *Kev Adams est un inculte. Il confond émigration et immigration* » ; « *Kev Adams n'était déjà pas bon comme humoriste mais en tant que pseudophilosophe, il est insupportable !* » Sans oublier les insultes encore plus bas de gamme comme celles-ci : « *Ça y est, Kev Adams a 3 poils au zizi et il se prend pour un homme !* » et « *Ce type, c'est de la sous-culture d'humour sans talent* ». Loin d'être imperméable à ces critiques, Kev a répondu du tac au tac, à ces deux derniers tweetos : « *3 poils au zizi ? Je trouve que c'est déjà pas mal !* » et « *Calme ta haine Boris ! Si tu n'aimes pas, n'en dégoûte pas les autres ! Bisous.* » Et en guise de message général, Kev Adams lancera à ses supporters comme à ses détracteurs sur Twitter : « *Merci à tous vos gentils messages (et même les méchants) à propos de ONPC. Cela me touche ! Love.* » Quelques semaines plus tard, sur l'antenne d'Europe 1 le 30 décembre 2014, Kev reviendra sur ce moment agité de sa jeune carrière, tout en laissant filtrer sa lassitude face à ces excès négatifs qu'il peut provoquer : « *Quand on passe beaucoup à la télé, les gens peuvent en avoir marre. Je n'ai rien contre ces gens. La seule chose que je leur demande, c'est d'arrêter de me critiquer gratuitement. Zappez, vous n'êtes pas obligés de voir ma tronche ! Il y a vraiment beaucoup de débiles sur Internet, qui sont juste là pour insulter le premier venu. Ce sont des "haters" professionnels* [des gens qui ont la haine, hate en anglais]. *Et le pire, c'est qu'on leur a donné un nom stylé pour ça. Leur nom est plus stylé que leur vie ! Et je ne me plains pas d'un manque de reconnaissance, j'en ai eu beaucoup, j'en suis très heureux et je remercie mon public pour cela.* »

Dans la communauté juive de France, quelques-uns reprocheront à Kev Adams ce soutien enthousiaste aux musulmans sur le plateau de Laurent Ruquier, alors qu'il s'était montré plus discret lors du conflit entre Israël et le Hamas durant l'été 2014. À l'époque, des manifestations parisiennes rassemblant des militants d'extrême droite, des gens de l'extrême gauche et des musulmans radicaux, se déroulaient aux cris de « Mort aux Juifs », « Juifs, dehors » ou « À bas Israël ». Il avait observé la même discrétion au lendemain de l'attentat contre le magasin Hyper Cacher en janvier 2015, qui causa la mort de quatre Juifs français. Kev semble se méfier de tout communautarisme exacerbé. D'autres artistes ou vedettes de religion juive très populaires comme Patrick Bruel, Michel Boujenah, Élie Semoun, Gad Elmaleh, Jean-Jacques Goldman, Patrick Timsit, Ary Abittan, Dany Brillant, Michel Jonasz, Gérard Darmon, Cyril Hanouna, Arthur ou Michel Drucker ont, eux aussi, préféré, contre l'intégrisme et le terrorisme, l'unité nationale à l'appartenance et la défense d'un groupe précis de la population, en l'occurrence la communauté israélite.

Comme de nombreuses stars, Kev Adams a participé après les attentats de janvier 2015 à Paris au clip *Je suis Charlie*, compilation de vidéos, messages ou photos envoyés par des vedettes, que l'émission de Canal + *Le Grand Journal* a diffusé dans son édition du 8 janvier 2015, au lendemain de la tragique fusillade dans les locaux du journal *Charlie Hebdo* à Paris. Outre Kev, on pouvait y voir, entre autres, Marion Cotillard, Gérard Depardieu, Dany Boon, Johnny Hallyday, Mika, Pierre Niney, Diane Kruger, Nolwenn Leroy, Jean-Louis Aubert, Nikos Aliagas ou Nagui, parmi une multitude d'étoiles du show business et des médias. Et paradoxalement, la page officielle de « L'indéfrisable » sur Facebook, « kevadams-officiel.fr », fut piratée par des hackers musulmans qui appartiennent au groupe « Fagalla Team », durant quelques heures le 14 janvier 2015. Non pas pour insulter l'humoriste, mais pour publier un long texte, en anglais et en arabe, où ces pirates du Net écrivaient : *« Nous savons que vous défendez l'Islam. Merci ! »* Les fauteurs de troubles numériques indiquaient aussi qu'ils avaient choisi le site de Kev Adams en raison de sa grande notoriété et de sa prestation dans *On n'est pas couché* du mois de novembre 2014. *« Tout le monde verra ce message »*, expliquaient les membres du « Fagalla Team ». Comme quoi, l'engagement de « Kinder » en faveur des musulmans de France ainsi que sa remise en cause des thèses du Front national ne laissèrent personne indifférent. Nul doute que ses origines (avec un papa né en France et originaire d'Algérie et une maman, elle aussi native de l'Hexagone, mais de parents ayant vécu en Tunisie, un pays arabe où Kev s'est déjà produit, tout comme au Maroc) ainsi que son enfance dans le quartier populaire et mélangé de la rue Botzaris auront facilité ses bonnes relations avec ses potes beurs en particulier, et la communauté musulmane en général. Il se situe dans le même courant de pensée que Jean-Jacques Goldman, l'idole des années 1980 qui prôna le respect de la différence et la tolérance, symbolisés par son tube en duo avec Michael Jones *Je te donne*. Lui-même fils et petit-fils de Français venus d'ailleurs, il ne tolère pas le racisme, la stigmatisation de l'autre ou la caricature outrancière. Des valeurs qu'il partage avec ses amis d'enfance bien sûr, mais aussi ses copains du milieu rap comme La Fouine, Maître Gims ou Black M.

Avec ce dernier, membre du collectif Sexion d'Assaut (comme Maître Gims, autre pilier de ce groupe) qui cartonne désormais en solo, une véritable amitié s'est créée. *« Il était fan de Sexion d'Assaut, ça fait un moment qu'il nous suit et depuis, on ne se lâche pas. On se tient au courant de tout ce qu'on fait »*, expliquait Black M dans une interview à *Télé-Loisirs* au mois de mars 2015. Un entretien mené par l'ancienne Miss France Malika Ménard, l'une des meilleures amies… de Kev Adams ! Leur passion commune pour la musique rap et l'humour déjanté ont rapproché les vedettes qui se sont hissées sur les deux premières marches du podium dans le dernier sondage 2015 du *Journal Mickey*, consacré aux artistes favoris des sept-quatorze ans. Médaille d'or : Kev Adams, suivi de Black M et Omar Sy. Le numéro 1 de l'édition 2014, Stromae, qui avait devancé Kev, a rétrogradé en quatrième position. Dingue de rap, Kev Adams a tout de suite dit oui à son pote Black M pour apparaître dans le clip du titre *Madame Pavoshko*, où on le voit danser et chanter sur une table de classe. Dans une scène hilarante, Kev incarne un élève qui explique à la conseillère d'orientation du lycée (la fameuse madame Pavoshko) son projet professionnel : « *Devenir Michael Jackson ! Faire une école de michaeljacksonage ! Ou Madonna…* » Quand Malika Ménard demande à Black M s'il imagine un éventuel duo avec Kev Adams, l'auteur et interprète du mégatube *Sur ma route* n'y voit aucune objection : « *C'est possible. On ne travaille pas forcément sur un titre, mais c'est possible qu'un jour tu entendes du Kev Adams et du Black M…* » Preuve de la complicité entre Kev et Alpha Diallo, vrai nom de cet artiste d'origine guinéenne de trente ans, sa visite surprise sur le plateau du téléfilm *Soda : le rêve américain*, au début de l'année 2015. « L'Indéfrisable » a immédiatement partagé sur les réseaux sociaux une photo de l'intrusion bienvenue de son copain rappeur : « *Mon frérot est passé nous encourager cet aprèm pour le début du tournage de* Soda *! L'artiste de l'année, c'est lui !* » Toujours prêt à faire le show avec son ami Black M et sans craindre les accrocs du rap venus applaudir l'un des piliers de Sexion d'Assaut, Kev montera sur les scènes du Zénith de Paris le 5 décembre 2014 et du Forest National à Bruxelles le 22 février 2015 pour s'éclater avec son « frérot ».

Avec La Fouine, autre gros vendeur de musique rap, les relations sont aussi au beau fixe. L'humoriste et le rappeur ont un ami commun : l'animateur Cyril Hanouna. En dépit de leur différence d'âge (Laouni Mouhid, alias La Fouine, a trente-trois ans), ils s'entendent comme larrons en foire et La Fouine a été le premier guest, invité sur la chaîne Kick On. Il est même monté sur les planches de la Halle Tony Garnier le 22 novembre 2014 lors du one-man-show de Kev, *Voilà Voilà*, face à 9 000 spectateurs ! On comprend mieux pourquoi Kev Adams a choisi Skyrock, média du rap par excellence, comme partenaire pour ses spectacles. Une radio où Kev s'est lancé à plusieurs reprises dans des exercices de freestyle montrant une certaine virtuosité à scander des couplets à la sauce rappeuse, écrits par lui-même et dits avec ce fameux flow, dans l'émission quotidienne *Planète Rap*. Les fans de « Kinder » se souviennent encore de cette soirée du mois de mai 2013 où leur comique préféré a piégé, sur les ondes de Skyrock, Maître Gims en se faisant passer au téléphone pour un fan breton de Sexion d'Assaut et a déclamé, à la perfection, une chanson endiablement « rappée » et spécialement créée pour l'occasion ! Une fois le subterfuge dévoilé, Maître Gims, pote de Kev, a lâché : « *Il faut qu'on se voit très vite Kev Adams ! Passe au bureau, je vais te produire un disque !* » Comme s'il avait toujours rêvé d'être un rappeur, Kev fait d'ailleurs un tabac dans son spectacle *Voilà Voilà* avec un sketch désopilant, *Le Rap des écureuils*, clin d'œil aux rongeurs qu'il a vus à Central Park lors d'un de ses voyages à New York. Une manière de kiffer sa passion musicale face à un public bluffé par son sens du rythme et son talent inné de balancer les mots, avec un phrasé à rendre jaloux ses copains Black M, La Fouine ou Maître Gims…

Kev Adams, c'est donc cette personnalité aux multiples facettes : un humoriste, un comédien, un auteur, un producteur, un chef de bande, un « patron » de chaîne TV, un dingue de danse et de rap, un pro des réseaux sociaux et, personne n'en doute dans son entourage, un futur réalisateur de films. Un « adulescent » de vingt-quatre ans qui aura été au bout de son rêve, lequel ne fait d'ailleurs que commencer. Dans l'histoire du show business français de ces vingt dernières années, il n'y a pas beaucoup d'artistes ayant si bien réussi sur tous les tableaux, surtout si jeune. L'accélération de sa notoriété grâce à Internet n'explique pas à elle seule ce phénomène. Tout le monde ne devient pas une star en postant des photos ou des vidéos sur Facebook ou en s'exprimant en 140 signes sur Twitter. S'agissant de Kev Adams, tout est parti d'une passion réelle pour la comédie. Une passion charnellement ancrée en lui, indispensable dans son existence et érigée en raison de vivre. Un goût pour l'art dramatique qu'il a travaillé et développé très tôt, alors que ses petits camarades jouaient aux billes ou tapaient dans un ballon de football. À force de répéter, de s'entraîner, de regarder les maîtres de l'humour, de se frotter à d'autres apprentis acteurs et à courir les castings pour comprendre les réalités de son métier en encaissant échecs et refus, dans la souffrance mais sans perdre sa flamme intérieure, « Petit poney frisé » a atteint son inaccessible étoile, comme le chantait Jacques Brel. À force de volonté, d'envie, de culot, de prise de risques et d'insouciance, Kev Adams a gagné son pari : devenir comédien. Et a concrétisé la devise de son grand-père maternel à qui il pense chaque jour : « *Si tu y crois, on y croira aussi !* » À force de talent, d'originalité et de travail, le gamin de la rue Botzaris a imposé son univers, son style et son langage. Et bien sûr son personnage, unique et déroutant, dans l'univers de la scène, de la télévision et du cinéma. Un désormais jeune adulte, en totale symbiose avec le public auquel il s'adresse en priorité, prenant à son compte le vécu, les attitudes et les mots des ados. Kev Adams n'a pas scientifiquement songé à toucher une cible, comme les lessiviers cherchant à toucher les ménagères. Le héros de *Soda* a tout simplement reproduit dans ses spectacles son expérience personnelle à son âge, qui est celui de son public. Sans arrière-pensée ni stratégie marketing élaborée dans le secret d'une agence de consultants.

« L'Indéfrisable » écrit désormais ses one-man-shows pour un très large public qui fédère les ados, leurs jeunes parents et parfois leurs grand-parents ! Son dernier stand-up *Voilà Voilà* l'a confirmé de façon éclatante. Comme l'avait analysé Laurent Ruquier, dans son talk-show *On n'est pas couché* le 22 novembre 2014, à propos du triomphe de Kev Adams : « *Ce sont les autres humoristes qui essaient de l'enfermer dans ce rôle de l'adolescent attardé, parce qu'ils sont jaloux. C'est normal : il arrive à dix-sept, vingt ans, il fait un tabac avec son one-man-show, à la télévision, au cinéma avec un premier film, et ça emmerde tous les autres comiques plus âgés que lui qui n'ont pas encore réussi. Franchement, il faut arrêter, il a du succès et il dit merde à tous les autres, moi je dis bravo ! Et quand il aura trente ans, il fera des sketchs pour les gens de trente ans, à quarante ans pour ceux qui auront la quarantaine et petit à petit, il avancera !* » Bel hommage de celui qui permit à Kev Adams de passer à la vitesse supérieure dans sa carrière en le programmant dans *On n'demande qu'à en rire.*

Pour Kev Adams, tous les champs du possible restent ouverts. Avec ses prestations sur les planches, il a prouvé son côté « bête de scène » de l'humour et, dans le milieu, si on ne se prive pas de le jalouser ou de se moquer de lui, on le considère aussi comme un surdoué, possédant une technique et une aisance hors du commun pour un humoriste si précoce. Son succès franchit les frontières puisqu'après la Belgique, la Suisse, le Canada, la Tunisie et le Maroc, il s'est produit au milieu du mois de juin à Londres et Barcelone, où les communautés françaises le réclamaient depuis longtemps. Kev devrait aussi prochainement jouer en Israël, un pays qui lui tient à cœur et dans lequel il se rend régulièrement. Certains directeurs de théâtres parisiens songent maintenant à lui proposer des pièces de boulevard, en imaginant que la tête d'affiche Kev Adams pourrait attirer encore plus de jeunes spectateurs dans leurs salles. Et au cinéma, il fait, pour l'instant, partie des rares acteurs populaires et rentables, sur lesquels les producteurs et les chaînes TV, participant au financement des longs métrages, ont envie de miser, après les succès de *Profs* et de *Fiston*. Il y a fort à parier que *The Profs 2* et *Les Nouvelles Aventures d'Aladin* amplifieront la starisation de « Kinder ».

Dans le sketch *MSN* qui figurait dans son premier spectacle *The Young Man Show*, Kev terminait par cette réplique en s'adressant à son public : « *Tout à la fin de ce spectacle, je deviens... un adulte ! Sans vous, moi, je ne pourrais pas être là. Sans moi, vous, vous pourriez être là, mais ce serait bizarre...* » En entrant dans l'âge adulte pendant que ses fans grandissent avec lui, Kev Adams évolue, s'améliore, même si son statut demeure paradoxalement fragile et que certains lui reprochent certaines faiblesses techniques dans l'exercice de son métier. Il a déjà acquis une sacrée expérience et prend de la bouteille, ce qui ne pourra représenter qu'un avantage dans la suite de son aventure. À la fois idole et exemple pour un grand nombre de ses admirateurs, il connaît aussi la précarité de sa notoriété et ne craint qu'une chose : la chute. Sera-t-il encore au sommet de l'affiche dans cinq ou dix ans ? On connaît la complexité pour un jeune artiste, parvenu à un haut degré de popularité très tôt, de passer le cap vers vingt-cinq ou trente ans. Avec le risque et l'angoisse de retomber au plus bas. Mais l'ancien lycéen de Neuilly-sur-Seine a les pieds sur terre et jouit d'un entourage familial, professionnel et amical à la fois solide, protecteur (sans doute parfois trop, au risque de devenir étouffant ou caricatural), et franc quand il le faut. En particulier sa productrice et associée Élisa Soussan, les potes d'enfance Marvin,

Ben ou Dylan, son metteur en scène Serge Hazanavicus, son père Thierry et, surtout, sa mère Nathalie. Celle dont Kev disait dans un sketch : « *Je remercie aussi ma mère, car c'est grâce à elle que j'ai fait ma première vanne. Je me rappelle de la toute première fois de ma vie que j'ai fait une vanne. C'était une vanne simple. Ma mère, elle était venue me voir et elle m'a dit : "Ça suffit maintenant, hein ! Qui c'est qui commande ici ? C'est moi qui commande !" Moi, je lui ai dit : "Alors, commande des pizzas !" Elle n'a pas aimé* ». Toutes ces personnes que le roi Kev appelle « mes fondations » et qui lui rappellent le conseil de son grand-père maternel disparu il y a quelques années : « *Si tu as envie de monter très haut, fais comme l'arbre. L'arbre, il doit avoir des racines et des fondations très solides…* » Une chose est sûre : Kev Adams a envie d'aller encore plus haut.

TOUT CE QUE VOUS AVEZ TOUJOURS VOULU SAVOIR SUR KEV ADAMS…

Sa taille : 1,80 m.

Son signe astrologique : Cancer.

Son péché mignon : le chocolat.

Ses marques de vêtements préférées : Créative et Reebok pour les chaussures ; Diesel pour les jeans ; American Apparel et Get Bizzi pour les T-shirts.

Ses parfums favoris : Acqua de Giorgio Amani et Le Mâle de Jean-Paul Gaultier.

Son moyen de locomotion : le scooter ou la voiture, si c'est une Smart ou une Mini Cooper.

Le soin dont il ne peut pas se passer : se brosser les dents.

Les célébrités qui le font le plus fantasmer : Natalie Portman, Cheryl Cole ou Scarlett Johansson.

Les objets qu'il emporterait sur une île déserte : une machine à écrire ; un CD du chanteur Corneille ; un film de Leonardo DiCaprio.

Ses acteurs et actrices favoris : Natalie Portman, Matt Damon, Leonardo DiCaprio, Eddie Murphy et plein d'autres…

Ses livres de chevet : *L'Attrape-cœurs* de J.D. Salinger et *Charlie et la chocolaterie* de Roald Dahl.

Ses comiques préférés : Gad Elmaleh et Michel Courtemanche.

Son film préféré : *Titanic* de James Cameron.

Sa série TV favorite : *Entourage.*

Ses complexes par rapport à son physique : ses cheveux et son visage, qu'il trouve trop gros par rapport à son corps.

Ce qu'il préfère dans son physique : ses yeux.

Ce qu'il déteste chez les autres : l'égoïsme et la méchanceté gratuite.

Ce dont il avait peur quand il était enfant : les vampires.

Le plus grand choc durant son enfance : à treize ans, la mort de son grand-père maternel en 2004.

Son rapport à la religion : il croit en Dieu et avoue avoir la foi. *« C'est une colonne vertébrale, cela permet de ne pas oublier certaines valeurs. Surtout dans ce métier où tout peut s'arrêter du jour au lendemain »* a-t-il dit au quotidien suisse *Le Matin* en mars 2014.

L'âge de sa première relation sexuelle : dix-sept ans, avec une fille dont il était fou amoureux. Mais il reconnaît que cette première expérience fut catastrophique.

Le jour où il a frôlé la mort : à l'âge de quinze ans, pendant des vacances au Maroc. Il a failli se noyer avec des amis en nageant trop loin et face à des vagues qui ont commencé à les engloutir. Des sauveteurs, à peine plus âgés que lui et ses amis, sont venus les secourir à temps.

Sa plus grande qualité, selon lui : la fidélité en amitié.

Ses sports préférés : le tennis et le basket. Il fréquente aussi une salle de sport pour faire un peu de musculation et de la course sur un tapis roulant.

Son style de vacances privilégié : le Club Méditerranée.

Le genre d'élève qu'il était : moyen. Avec l'appréciation « peut mieux faire » de la troisième à la terminale.

Son pays préféré : les États-Unis, avec une prédilection pour New York et Los Angeles. Kev rêve d'une carrière aux USA et en avril 2014, il a présenté en anglais quelques-uns de ses sketchs dans deux petites salles américaines : The Flappers Comedy Club à Burbank (une ville du comté de Los Angeles) et The Comedy and Magic Club à Hermosa Beach, station balnéaire dans le comté de Los Angeles aussi. Durant son séjour en Californie, il a aussi noué des contacts avec des producteurs d'Universal Studios et rencontré Rex Lee, l'un des principaux acteurs de sa série TV préférée, *Entourage*. Autres pays où il aime aussi se rendre, le Canada et Israël.

Le genre de soirée qu'il apprécie : celles qu'il passe chez ses amis ou quand il reçoit ses potes. Il n'aime pas trop les boîtes de nuit car il trouve cela superficiel.

Les publicités dont il a été la vedette : des campagnes publicitaires pour Le Crédit Agricole et M6 avec la carte Mozaïk, la boisson Fanta et le jeu Tomodachi Life de Nintendo.

Les recettes de ses shows : *The Young Man Show* aurait rapporté 2,5 millions d'euros en quatre ans et *Voilà Voilà*, qui se poursuit en tournée en France et à l'étranger, a engendré plus de 10 millions de recettes depuis 2013.

S'il était un animal : un dauphin.

S'il était un objet : un téléphone.

S'il était une fleur : un nénuphar.

S'il était un plat : une assiette de lasagnes ou une salade de tomates mozarella.

S'il était un style de musique : un rap, un hip-hop ou du R'n'B.

S'il était une couleur : le bleu.

S'il était une boisson : de l'Ice Tea.

S'il était un film : *Titanic* ou *Troie*. Comme il l'a déclaré dans l'ouvrage *The Young Man Show Book*, principalement composé des textes de son *The Young Man Show* et paru aux éditions Milan en 2013 : « *Cela dépend des journées. Il y a des journées où je suis en mode* Titanic, *tout le monde est gentil, c'est trop beau le monde. Et il y a des journées où je suis en mode* Troie, *je vais tous les "ken", ça me saoule !* »

Les principales pages ou sites Facebook sur Kev Adams et les principaux blogs : kevadams-officiel.fr ; Soda ; Kev Adams Artiste ; Kev Adams Soutien ; Kev Adams Fans ; Kev Adams, un humoriste hors du commun ; Aimer rire c'est bien, aimer Kev Adams c'est mieux ; Kev Adams, un humoriste parfait ; Kev Adams, l'idole des ados ; Kev Adams, un humoriste exceptionnel ; Kev Adams, le Kinder Indéfrisable ; Tu crois en Dieu ? Oui, je crois en Kev Adams ; Kev Adams, le meilleur comédien ; Pour que Kev Adams ait sa statue au musée Grévin ; Kev Adams, notre idole ; Les bibis choux de Kev Adams ; Adamsienne un jour, Adamsienne toujours ; Kev Adams, l'homme au grand cœur ; Kev Adams, l'homme inoubliable ; Kev Adams, le meilleur sans aucun doute ; Kev Adams, the perfection, bref notre idole ; Kev Adams, le roi de la scène ; Kev Adams ou le meilleur humoriste du monde ; L'Adams Family ; On aime tous le « Prends un yaourt » de Kev Adams ; The God of the humor Kev Adams ; Pour Kev Adams dites Alléluia ; Pour tous les fans de Kev Adams ; Kev Adams et son humour ravageur ; Kev Adams le secret de mon sourire ; Kev Adams la perfection, notre réson de vivre ; Si toi aussi tu trouves que Kev Adams est le meilleur ; Kick On ; Pour que l'équipe Kick On participe à Fort Boyard ; Fans de Kev Adams ; Kev adamsienne ; Kev Adams notre pikatchu frisé ; Kev Adams Fan Page Belgium ; Kev Adams le meilleur ; Kev Adams et ses fans ; Kev Adams : L'idole qu'on rêve d'avoir chez soi ; Kev Adams, et nous les Adamsiennes ; Kev Adams, un comédien en or ; Kev Adams, humoriste, acteur, l'idole de nous ; Kev Adams Voilà Voilà Tour ; Kev Adams, un mec en or ; Kev Adams et sa personnalité parfaite ; Kev Adams et son Fantalon ; On aime tous le « Professeur de langue » qui est en Kev Adams ; Kev Adams une étoile née pour nous faire rire ; Kev Adams notre chouchou ; On a déjà tous rêvé de rencontrer notre idole : Kev

Adams ; Kev Adams, le meilleur artiste ; Kev Adams c'est bien plus qu'un artiste ; Je suis Adamsienne et je le vie parfaitement bien ; Le saviez-vous ? Version Kev Adam ; Kev Adams, la perfection incarnée ; Kev Adams, the perfect man ; Kev Adams, notre idole exceptionnelle ; Si toi aussi tu trouves que Kev Adams envoie du rêve ; Kev Adams, un rêve, des fictions ; Kev Adams fan ; Kev Adams l'ange tombé du ciel ; La vie interminable de l'incroyable Kev Adams ; J'ai rejoins ce groupe, j'ai Alzheimer, je m'en rappelle déjà plus ; TYMS, Moi fan de Kev Adams ; Kev Adams, le mec parfait ; La perfection : Kev Adams ; Notre bonheur ? Kev Adams ; Kev Adams = le plus beau le meilleur humoriste au monde ; Kev Adams et ses fans ; Bref, je suis fan de Kev Adams ; Blog de Kev-Adams-New-Kev ; Adams-Skyrock.com, Blog de 1ère-fan-de-kev-adams-Adamsienne ; Pour la vie, Blog FANTAStique-KevAdams ; Blog Why-We-Love-Kev-Adams ; Blog de Laral-Fiction-KevAdams ; Blog Être fan c'est bien, mais de Kev Adams, c'est mieux ; Blog The Kev Adams Challenge ; Blog Kev Adams The Best.

Les années clefs de sa carrière :

Spectacles :

The Young Man Show (2009)
Voilà Voilà (2013)

Cinéma :

Cours toujours (2000)
LOL (2009)
Et soudain tout le monde me manque (2011)
Le Lorax (2012) / dessin animé / voix française de Ted
Ronal le Barbare (2012) / dessin animé / voix française de Ronal
Les Profs (2013)

Les Croods (2013) / dessin animé / voix française de Guy
Kidon (2014)
Fiston (2014)
The Profs 2 (2015)
Les Nouvelles Aventures d'Aladin (2015)
Amis publics numéro 1 (2016)

Télévision :
On n'demande qu'à en rire (2010)
Soda (2011)
C'est la crise ! (2013)
Soda : un trop long week-end (2014)
Soda : le rêve américain (2015)

Clips vidéos :
Mme Pavoshko / Black M (2014)
Kiss and Love / Sidaction (2014)

DVD :
The Young Man Show (2011) / filmé au Palais des glaces
La Fabuleuse Histoire de Kev Adams (2013)
Les Profs (2013)
Fiston (2014)
Kidon (2014)
Voilà Voilà (2014) / filmé à l'Olympia

Publicités :
« Carte Mozaïk » du Crédit Agricole et M6 (2012)
Mécénat Chirurgie Cardiaque et « Initiatives Cœur » (2012,2013)
Fanta (2013)
« Tomodachi Life » de Nintendo (2014)

Tout ce que vous avez toujours voulu savoir sur Kev Adams…

Livre :

The Young Man Show Book : textes de son premier spectacle *The Young Man Show*, éditions Milan, 2013.

RÉFÉRENCES

Citations et propos de Kev Adams extraits de :

Le Matin / 8 mars 2014, *Télé Obs* / 9 novembre 2014, *Libération-Next* / 10 mars 2014, La Nouvelle République.fr / 4 novembre 2014, *Le Parisien* / 2 octobre 2014, *Le Parisien* / 14 décembre 2010, *Le Parisien* / 25 mars 2013, *Le Parisien* / 4 juillet 2011, *Le Figaro* / 29 décembre 2014, *L'Express* / 4 février 2015, *Le Télégramme* / 23 mai 2009, *Le Télégramme* / 31 mai 2014, *Paris Match* / 14 mars 2014, *Paris Match* / 11 octobre 2014, *Paris Match* / 18 octobre 2011, *Metronews* / 27 mai 2014, *Metronews* / 22 décembre 2014, *Télé Star* / décembre 2014, *Actualité Juive* / octobre 2011, *La Charente Libre* / 6 novembre 2014, *Le Maine Libre* / 4 décembre 2014, *Closer* / 20 février 2015, Agence France Presse / 22 décembre 2014, www.purepeole.com / 30 juin 2014, www.purepeople.com / 29 décembre 2014, www.makeawish-france.org / octobre 2013, www.toutelatele.com / 29 décembre 2014, www.trucsdenana.com / 8 septembre 2010, www.rue89.com / 5 février 2011, www.allocine.com / 4 juillet 2011, *100 % Mag* / M6 / 7 janvier 2014, *La Parenthèse inattendue* / France 2 / 23 janvier 2014, *On n'est pas couché* / France 2 / 26 mai 2012, *On n'est pas couché* / France 2 / 22 novembre 2014, *Le Grand Direct des médias* / Europe 1 / 29 décembre 2014, *The Young Man Show Book* / éditions Milan / 2013.

REMERCIEMENTS

Merci à tous ceux et toutes celles qui m'ont accordé leur attention au cours de cette passionnante plongée dans la vie et la carrière de Kev Adams (fans, comédiens, producteurs, réalisateurs, journalistes…).

Avec des remerciements particuliers à Cyril Garnier, Marine Agasse, Manon Taxi, Justina Polichnowski.

Merci à Caroline Finzarelli pour son travail de documentation et à Éric Boukriss pour ses infos…

Merci à mon éditeur Yves Derai pour ses précieux conseils, son enthousiasme et sa disponibilité, ainsi qu'à toute l'équipe des Éditions du Moment.

TABLE DES MATIÈRES

Préambule 9

I. Il est né le Kevin enfant 13

II. Toutes premières fois 31

III. *The Young Man Show* 47

IV. Du côté de chez Ruquier 59

V. *Soda*, ça pétille ! 73

VI. *Voilà Voilà !* 91

VII. Le « Young Man » au cinéma 103

VIII. Fans clubs 125

IX. Engagé 143

Tout ce que vous avez toujours voulu savoir sur Kev Adams... 157

Références 165

Remerciements 167

Imprimé en France par
MAURY IMPRIMEUR
à Malesherbes (Loiret) en mai 2016

ISBN : 978-2-35417-523-8
Dépôt légal : juin 2016
N° d'impression : 208931
Y00109/61

Imprimé en France